上市公司价值管理研究
——基于中国上市公司的案例分析

谢 芳 著

北京理工大学出版社
BEIJING INSTITUTE OF TECHNOLOGY PRESS

版权专有　侵权必究

图书在版编目（CIP）数据

上市公司价值管理研究：基于中国上市公司的案例分析 / 谢芳著. — 北京：北京理工大学出版社，2019.12
　　ISBN 978 - 7 - 5682 - 8055 - 6

Ⅰ. ①上…　Ⅱ. ①谢…　Ⅲ. ①上市公司 - 企业管理 - 研究 - 中国　Ⅳ. ①F279.246

中国版本图书馆 CIP 数据核字（2019）第 301693 号

出版发行 / 北京理工大学出版社有限责任公司
社　　址 / 北京市海淀区中关村南大街 5 号
邮　　编 / 100081
电　　话 /（010）68914775（总编室）
　　　　　（010）82562903（教材售后服务热线）
　　　　　（010）68948351（其他图书服务热线）
网　　址 / http：//www.bitpress.com.cn
经　　销 / 全国各地新华书店
印　　刷 / 保定市中画美凯印刷有限公司
开　　本 / 710 毫米 × 1000 毫米　1/16
印　　张 / 11.5　　　　　　　　　　　　　　　责任编辑 / 徐艳君
字　　数 / 221 千字　　　　　　　　　　　　　文案编辑 / 徐艳君
版　　次 / 2019 年 12 月第 1 版　2019 年 12 月第 1 次印刷　责任校对 / 周瑞红
定　　价 / 65.00 元　　　　　　　　　　　　　责任印制 / 施胜娟

图书出现印装质量问题，请拨打售后服务热线，本社负责调换

摘　　要

我国证券市场发展已有近30年，上市公司规模不断扩大，但同时也存在良莠不齐的问题。投资者如何对公司的投资价值进行判断？管理层如何对公司价值进行管理？这是当前我国资本市场发展的重要课题，它既关系到投资者和企业利益，也是证券市场健康发展的基石。现代财务理论虽然在资本结构、估值模型方面有不少建树，但始终存在隔靴搔痒的问题，即理论联系实践不足，不同财务维度的关联分析不足。例如，资本结构理论并不能提供企业如何融资的实践指导；本量利分析也不能提供企业经营决策方案；投资、筹资、分配三大财务战略如何相互关联也少有研究，而现实中CFO们总是在企业这个动态的、整体的组织中处理相互关联的财务问题。

本书主要采用案例分析的方法，以公司价值为主线，探讨主要财务管理问题在我国上市公司中的现实表现、经济后果和对策建议，目的是为企业管理层提供一个相对系统的、以长期价值创造为导向的、具有实践可行性的战略性财务管理体系，同时也是为投资者提供一套识别上市公司真正投资价值的参考方法。通过促进管理层、投资者财务行为的"价值回归"，为我国资本市场的长远健康发展作出贡献。

本书共分十章。第一章为导论，介绍上市公司价值管理研究的重要现实和理论意义，明确相关概念，对国内外实践和研究现状进行分析。第二章主要是明确上市公司价值管理的基本目标，以及量化管理所需要的估值方法，并结合案例对估值的技术过程进行介绍。第三章到第十章均是结合具体上市公司案例，从投资、运营、筹资、分配、管控五个侧面具体分析上市公司经营中常见的重要财务问题，解析问题的表现、内在机理和价值影响等，从而为公司价值管理提供思路。其中，第三章结合格力电器、辽宁成大两个案例探讨了企业投资的战略结构问题，它涉及理论上探讨的多元化折价还是溢价问题；第四章结合三一重工、春秋航空两个案例探讨了业务层面的非流动资产结构问题，它指向的是既定战略下的轻资产和重资产问题；第五章结合华兰生物、华东数控、益生股份三个案例探讨了企业运营管理方面的问题，例如应收账款管理、存货管理、费用控制方面的效率如何影响公司价值；第六章分析了筹资安排与公司价值的关系，并结合哈三联案例探讨了超额筹资可能产生的影响；第七章结合莲花健康探讨了财务杠杆、财务风险影响公司价值的具体过程；第八章以创业板上市公司的股利分配偏好为例，探讨了分配政策对股票超额收益、公司成长的价值影响；第九章结合珠海中富、恒通科技案例分析了资产重估、会计政策选择对企业短期和长期的价值影响；第十章结合 ZH 案例探讨了应计盈余管理、真实盈余管理对公司价值的影响。

目　　录

第一章　导　论 ··· 001
 一、问题的提出及其研究意义 ······································ 001
  （一）现实意义 ·· 001
  （二）理论意义 ·· 002
 二、相关概念界定 ··· 002
  （一）公司价值 ·· 002
  （二）公司价值管理 ·· 003
 三、国内外实践和研究现状 ··· 003
  （一）实践现状 ·· 003
  （二）研究现状 ·· 003
 四、研究思路与结构安排 ··· 008

第二章　上市公司价值管理理论基础 ··································· 009
 一、公司价值驱动因素 ··· 009
  （一）公司治理因素 ·· 009
  （二）投资战略因素 ·· 010
  （三）融资战略（资本结构）因素 ······························· 010
 二、公司价值量化 ··· 010
  （一）估值方法 ·· 010
  （二）估值过程框架 ·· 014
  （三）企业估值案例分析——基于生益科技 ····················· 015

第三章　战略层面的资产结构与公司价值 ····························· 032
 一、多元化或专业化问题 ··· 032
  （一）多元化与专业化的价值争议 ······························· 032
  （二）多元化与专业化战略选择影响公司价值的案例分析
    ——基于格力电器 ·· 033
 二、企业金融化问题 ·· 039
  （一）企业金融化动因及其价值影响的双重性 ··················· 039
  （二）金融化影响公司价值的案例分析——基于辽宁成大 ······· 041

第四章　业务层面的资产结构与公司价值 ····························· 045
 一、业务层资产结构影响公司价值的原理 ························· 045

（一）经营杠杆 045
　　（二）经营杠杆、经营风险与资产结构 046
　　（三）资产结构与公司价值 047
　二、经营杠杆影响公司价值的案例分析——基于三一重工 048
　三、资产租赁影响公司价值的案例分析——基于春秋航空 052
　　（一）经营租赁与表外融资问题 052
　　（二）案例分析——基于春秋航空 052

第五章　运营效率与公司价值 058
　一、运营效率的主要方面与衡量指标 058
　　（一）资产周转效率 058
　　（二）费用控制能力 059
　　（三）日常投资能力 060
　二、运营效率影响公司价值的案例分析 061
　　（一）应收账款管理效率影响公司价值的案例分析
　　　　——基于华兰生物 061
　　（二）存货管理效率影响公司价值的案例分析——基于华东数控 066
　　（三）费用管控能力影响公司价值的案例分析——基于益生股份 072

第六章　筹资安排与公司价值 082
　一、筹资影响公司价值的机理 082
　　（一）筹资能力 082
　　（二）资本结构 083
　　（三）筹资策略与企业发展战略的一致性 084
　二、筹资安排影响公司价值的案例分析——基于哈三联 085

第七章　财务风险与公司价值 098
　一、财务风险的内涵与影响 098
　　（一）财务风险的内涵 098
　　（二）财务风险与财务杠杆的关系 099
　　（三）财务杠杆对公司价值的影响 100
　二、财务风险对公司价值影响的案例分析——基于莲花健康 101

第八章　股利分配政策与公司价值 115
　一、股利分配政策在公司价值决定中的角色 115
　　（一）股利分配影响权益收益指标 115
　　（二）股利分配影响企业后续融资能力 116
　二、股利分配政策对公司价值的影响——基于我国创业板市场的
　　实证检验 117
　　（一）创业板初期上市公司股利分配政策偏好 117

（二）股利分配政策对创业板上市公司价值的影响——基于股价
　　　　　反应视角 ………………………………………………………… 121
　　（三）股利分配政策对创业板上市公司价值的影响——基于公司
　　　　　成长性视角 ……………………………………………………… 123
　　（四）小结 …………………………………………………………………… 124
　三、股利分配影响公司价值的案例分析："高送转"是好是坏？ ………… 127
第九章　资产重估、会计政策选择与公司价值 ………………………………… 134
　一、资产重估、会计政策选择的动因及其与公司价值的相关性 ………… 134
　　（一）资产重估和会计政策选择的动因 ………………………………… 134
　　（二）资产重估和会计政策选择与公司价值的相关性 ………………… 135
　二、资产重估影响公司价值的案例分析——基于珠海中富 ……………… 136
　三、会计政策变更影响公司价值的案例分析——基于恒通科技 ………… 146
第十章　盈余管理与公司价值 …………………………………………………… 151
　一、盈余管理理论分析 ……………………………………………………… 151
　　（一）盈余管理动机 ……………………………………………………… 151
　　（二）盈余管理方式 ……………………………………………………… 152
　二、盈余管理影响公司价值的案例分析——基于 ZH 公司 ……………… 155
　参考文献 …………………………………………………………………………… 168

第一章

导　论

一、问题的提出及其研究意义

我国证券市场发展已有近 30 年时间，截至 2019 年 1 月沪深上市公司数量已达 3,473 家，2018 年年末的总市值约为 44.6 万亿元，是国民经济中的重要力量，是企业股权融资的重要场所。在新三板市场，2018 年年末有挂牌公司 10,750 家，总资产 29,765 亿元，也是我国经济发展中的活跃力量。在我国的证券市场，上市公司规模不断扩大的同时，也存在良莠不齐的问题，如何促进证券市场健康发展是我国资本市场建设的重要课题。本书从公司个体角度研究上市公司价值决定的经济和行为因素，为公司价值管理提供参考建议，也为投资者识别优质标的提供参考。

（一）现实意义

市值管理在国内外资本市场上都是一个热门话题，市值管理实际就是公司价值管理应用于上市公司时的一种业界称谓。由于市值是上市公司的融资基础，也直接关系到大股东、公众投资者乃至管理层的切身利益，因而恰当对其进行管理和筹划具有突出的现实意义。

2018 年，在我国资本市场上，上市公司股权质押、商誉减值、信披违规等事件层出不穷，损害了公司价值，也损害了投资者利益，暴露出不当市值管理行为对公司和市场的危害，这种行为实际上是一种"伪市值管理"行为。

"伪市值管理"有两类：一类是利用虚假披露、内幕交易、市场操纵等违法违规行为，假借市值管理之名行市场操纵之实。近年，证监会已高度重视并加大对这类行为的打击力度。另一类是为市值管理而进行的战略或业务调整，这些调整的目的并不是真正增加公司价值，而是影响股价，常用手段包括股权激励、员工持股、股东增持、并购重组等。例如，一些中小市值公司为进行市值管理，与私募机构合作，进行单纯为了影响股价的资本运作。近年监管层也对"忽悠式重组""高送转"等以炒作股价为手段的市值管理加强了监管和抑制。

真正的市值管理是以提升公司价值为目的的。当以价值创造为目的的市值管理在市场中占主流时，企业和投资者的决策偏好才会实现"价值回归"，做到"业绩为王"，实现中国资本市场的良性发展。真正的价值管理对企业经营者、财务总监提出了更高的要求，经营者不能只盯住业务而忽略财务规律，财务总监也不能只盯住报表而忽略业务，价值管理需要将财务和业务深度融合，整体运筹。目前这方面的研究尚不完善，尤其是结合实务案例的研究比较缺乏，本书的主要目的就是要通过一个个案例的具体解析，揭示影响上市公司价值的财务和经营因素，为企业管理层和投资者提供实践参考。

（二）理论意义

从理论角度看，本书基于案例分析的公司价值决定因素研究有益于企业投融资理论的深入探讨。公司价值是企业财务理论的核心概念，是财务决策的关键判断标准。早在20世纪50年代，财务学者就开始探寻企业组织、财务行为、财务结构和战略，甚至是外部环境与公司价值之间的关系，取得了一系列理论成果，如MM理论、啄序理论、财务柔性理论、公司治理理论、企业生命周期理论、企业社会责任理论等。这些理论从内部、外部、过程等不同角度解释了公司价值的决定因素，然而，现有理论尚不完善，再加上公司价值具有动态性，已有理论对指导投融资实践仍有明显局限。本书以案例分析方式展开公司价值影响因素的讨论，可以使理论探讨具象化，有助于理论研究的深化。

二、相关概念界定

（一）公司价值

公司价值理论建立在一般价值理论基础上。对价值的不同理解形成了不同的经济学派，如劳动价值论、要素价值论、效用价值论、新古典价值论等。

从劳动价值论角度看，公司价值的来源是企业中凝结着的一般人类劳动；从效用价值论看，公司价值的来源是它具有的带给人们某种效用（主要指导未来收益）的属性；从要素价值论看，公司价值来源是作为整体概念的企业资产要素，它由要素市场的供、需决定。由此可见，观察的出发点不同，公司价值就会有多种不同的内涵表达。从财务学立场出发，笔者认为公司价值是针对企业这一特定资产综合体而言的，是其现时获利能力和潜在获利机会的价值总和，在数量上可以表现为基于现实市场的交易价格或基于内在价值因素计算的估算价格。

（二）公司价值管理

公司价值管理是从整体角度对企业经营活动的价值方面所进行的管理活动，是企业财务管理活动的战略层面内容，是财务战略目标的直接体现。

财务理论已经指出，财务管理目标是使公司价值最大化，因而公司价值管理的目标就是维护现有价值，创造新的价值，实现公司价值最大化。公司价值最大化不同于利润最大化目标，因为现实中经常出现利润与价值背离的现象。例如，不少企业在短期内利润很高，但很快进入长期低迷状态，甚至破产倒闭；再如，一些处于亏损状态的高新企业在资本市场上却被投资者追捧。另外，若企业在资本收益率低于资本成本率情况下进行规模扩张，虽然能够带来利润增加，但并不代表价值增加。

三、国内外实践和研究现状

（一）实践现状

随着我国证券市场的发展壮大，上市公司数量不断增多，价值管理成为市场中的一个热词，相应的市值管理服务机构也不断增多。

价值管理在我国证券市场初期更多的是通过实施股权激励、股东增持、并购重组等手段刺激股价的市值管理行为，甚至还出现不少假借市值管理之名行市场操纵之实的"伪市值管理"，给企业长远发展造成了不利影响。在2018年的资本市场，出现许多上市公司股权质押、商誉减值、信披违规的事件，这些事件多少与前期不当的市值管理有关系。

随着监管环境的变化，上述单纯以刺激股价为目的短视行为减少，很多上市公司在努力提升业绩的同时，通过积极接待机构投资者前往公司调研，进行反向路演推广公司价值，市值管理逐渐实现"价值回归"。市值管理不再是靠所谓"资本运营"实现，而是在企业业绩增长、内在价值提升的背景下，辅以适时的"价值推广"。过去一些上市公司惯用的市值管理手段，如股权激励、员工持股、股东增持、并购重组，越来越没效果，公司也不再轻易尝试停牌筹划重大资产重组以稳定股价了。

（二）研究现状

在公司财务领域，公司价值决定是长期以来的学术研究热点问题，主要是从公司治理结构因素、资本结构因素入手进行理论分析和实证研究；然而对于公司价值管理，则是实践多而研究较少。下面按现有研究的主题归纳分析研究现状。

1. 公司治理与公司价值决定

这类研究相对较早，文献也较多。国外文献中，Agrawal 和 Knoeber（1996）对管理者持股、资本结构决策、非执行董事监督、机构投资者代表进入董事会、存在控股大股东等五个治理机制与公司价值之间的关系进行了实证分析，在考虑了治理机制之间的交互作用后，运用 SUR（联立方程组）的检验发现，只有非执行董事监督是显著有效的治理机制。Jensen 和 Meckling（1976）指出，经理人员持有公司股份实现了股东与经理人员的目标一致，能够降低源于二者目标不一致而产生的代理成本，从而提高公司价值，称之为"利益一致假设"。Fama 和 Jensen（1983）则认为，与"利益一致假设"相反，经理人员持股可能招致新的代理成本。因为作为股东的经理人员有很强的动力运用"在职消费"等手段谋取自身利益，这种机会主义行为会损害其他股东利益，降低公司价值，称之为"管理者自利"假设。Morck、Shleifer 和 Vishny（1988）、McConnel 和 Servaes（1990）等学者的实证分析表明，管理者持股与公司价值之间存在"非线性关系"。Shleifer 和 Singh（1986）认为，公司大股东有很强的动力监督经理人员以保护自身的利益。尽管大股东很少参与公司经营，但由于持有大量公司股份，他们对董事会作出的雇佣或解雇经理人员的决策具有很大的影响力。所以，大股东的监督对减少经理人员的"机会主义"行为具有很大的作用，称之为"有效监督假设"。Bethel 等（1998）也发现，当大股东入主上市公司后，公司长期业绩上升，支持"有效监督假设"。大股东和中小股东之间也可能发生代理问题，La Porta 等（1999）、Claessens 等（2000）及 Faccio 和 Lang（2002）发现，控制股东与少数股东之间也存在利益冲突与代理问题，掌握控制权的大股东往往为了谋取私利而窃取公司资源并牺牲小股东的利益，许多著名的丑闻，例如美国安然公司（Enron Corporation）破产案与世界通信公司（WorldCom）破产案，显示这种代理问题可能更为严重。通过改善公司治理，公司价值将获得提高（Gompers 等，2003；Ammanna 等，2011；Lecomte 和 Ooi，2013）。

在国内，何卫东和张嘉颖（2002）较早分析了股权结构、董事会对公司价值的影响。他们以中国上市公司为样本，实证检验了公司所有权结构、以董事会监督为核心的治理结构及资本结构对公司价值的影响，结果显示：法人股权与国家股权相比占相对多数时，公司价值上升，公司债务比率上升时，公司价值下降，董事会监督并未对公司价值产生显著影响；然而，随着法人股权的增加，公司债务比率的上升以及有效的董事会监督将会促进公司价值上升，表明股权结构因素与董事会监督因素存在交互影响。夏立军和方轶强（2005）从"终极产权论"角度，以 2001 年至 2003 年期间的上市公司为样本，对政府控制、治理环境与公司价值的关系进行了实证分析，结果表明，政府控制尤其是县级和市级政府控制对公司价值产生了负面影响，但公司所处治理环境的改善有助于减轻这种负面影响。范海峰、胡玉明和石水平（2009）讨论了我国机构投资者异质性对公司价值的影响。谷祺、邓德强和路倩（2006）以121家家族上市公司为样本，对现金流权、控制权影响公司价值的机理进行实证分析，结果表明，我国家族上市公司现金流权与控制权的分离率平均为62%，分离程度在东亚为最高，家族上市公司价值与现金流权的比例显著负相关，与控制权比例也显著负相关。潘怡麟、朱凯和陈信元（2018）以母公司支付的职工薪酬比例作为集团集权程度的度量指标，检验了决策权集中的经济后果，实证结果显示，企业集团的集权管理在显著提升现有资源管理效率的同时，增加了过度投资。

2. 资本结构、融资成本与公司价值

资本结构也是公司价值决定研究中的经典视角。在国外，经典理论 MM 定理指出：在资本市场有效性的假设条件下，资本结构与公司价值无关（Modigliani & Miller, 1958）。然而，有效资本市场是一个极强的假设，许多实证分析的结果显示，资本市场是次强有效或弱有效的。后来许多研究认为债权融资能为公司带来税收利益，具有一定的公司治理效应，即在一定程度上缓解了股东与经理层之间的利益冲突，因而认为负债融资与公司价值创造正相关，最优负债结构区间为 [0.3, 0.6]（McConnell 和 Servaes，1995；Berger 和 Bonaccorsi，2006）。

在国内，任曙明（2008）通过数理方法，构建了公司价值导向的资本结构随机线性规划模型，数值试验结果表明，投资于战略资产时的公司价值大于投资于普通资产。由此，证明了投资于战略资产是企业取得竞争优势的重要前提，而恰当的资本结构是实现战略资产潜在价值所必需的条件。王俊韡（2008）采用实证的方式检验了资本结构与公司价值的关系，选取中国上市公司 2003—2006 年的全样本数据来检验资本结构对公司价值的影响，发现国有股比例过高不利于公司价值的提升，适度集中的法人股比例有利于公司价值的提升。

3. 多元化经营对公司价值的影响

公司经营战略被认为是决定公司价值的重要方面，较多文献关注了企业多元化经营对公司价值的影响。早期文献中认为多元化损害公司价值的观点占主流地位。例如 Lins 和 Servaes（1999）对德国、日本和英国的企业多元化经营与公司价值之间的关系进行实证研究，发现这些国家均存在多元化折价现象。Megginson 等（2000）、Manohar 等（2007）、Fukuia 和 Ushijima（2007）的实证研究均证实多元化程度与公司价值负相关，即存在多元化折价现象。但后来对多元化折价提出质疑的文献不断出现。例如 Stulz（1990）研究发现多元化经营能促使企业建立有效的内部资本市场，在一定程度上缓解外部资本融资约束的影响，使企业能有效筹集更多资金以投资净现值为正的项目，从而提高公司价值。Maksimovic 等（2001）运用全要素生产率作为多元化公司绩效的代理变量，研究了多元化公并购前后的绩效变化，研究发现，目标公司的生产效率在并购前比较低，并购后得到提高，说明多元化经营能够提高公司价值。Villalonga（2004）认为以前评价美国股市多元化折价的方法是存在缺陷的，鉴于此，她采用新的数据库 BITS 取代 Compustat 数据库作为数据来源，对 1986 至 1996 年间的样本企业进行了重新考察。研究发现，与同行业中专业化公司相比，多元化公司不是折价，而是具有显著的溢价。她认为，结论分歧是由于财务报告中部分数据的误差，或者管理者判断的偏差。虽然直到目前，多元化发展对公司价值的影响在总体上未形成一致结论，但研究不断被细化，更多企业异质性因素被纳入考量。

在国内，金天和余鹏翼（2005）检验多元化与公司价值之间的关系，以及上市公司多元化经营对股权结构的影响，研究结果表明我国上市公司多元化经营总体上损害了公司价值，而国有股权对公司多元化经营具有约束作用，国有股东倾向产业集中战略。张奎（2004）以多元化经营为观察点研究了公司治理对公司价值的影响，认为多元化是股东与经理、大股东与中小股东之间利益冲突的一个典型例证，并在股权结构—公司治理—公司绩效的范式中探讨多元化折价机理、公司多元化诱因以及对公司多元化的治理。邱闯（2014）选取 2007—2013 年间 A 股上市公司样本，利用经营单元数、收入赫芬达尔指数（Herfindahl - Hirschman Index，HHI）、收入熵指数（Entropy Index，EI）这三个指标来衡量上市公司的多元化程度，构建了以价值增长率为因变量、驱动因素为自变量的多元线性模型，证实了公司治理、投资支出以及多元化类型对公司价值增长的推动作用。

4. 其他价值影响因素的专项研究

除上述传统研究议题外，近年来新的价值因素议题不断涌现，包括企业创新行为、社会责任履行情况、股利分配政策、财务柔性、外汇风险等，都得到了专题研究。

创新方面，唐玮和崔也光（2017）利用 2007—2014 年 A 股上市公司的混合截面数据进行实证检验，结果表明创新投入与公司价值显著正相关，相对于政府控制的上市公司，非政府控制的上市公司创新投入对于公司价值的提升力较强，投资者信心是政府控制属性得以发挥调节效应的重要中介。朱艳丽（2018）对 2010—2016 年我国 A 股上市公司的研发强度、创新速度与上市公司价值之间的关系进行研究，发现只有当创新速度较快时，研发强度增加才能够带来上市公司价值提升。

在社会责任方面，涂红和郑淏（2018）研究了企业社会责任对公司价值的影响，他们采用润灵社会责任报告数据，对我国不同所有制上市公司履行社会责任与公司价值之间的动态关系进行实证研究发现，尽管承担社会责任导致企业当期价值下降，但是长期来看是增加公司价值的，尤其是非国有控股的一般企业，承担社会责任能够显著地提高公司价值。

分配政策方面，戚聿东和肖旭（2017）运用 1999—2016 年 A 股上市公司数据研究发现，上市公司现金分红与公司价值之间存在冲突，制度环境变迁减弱了现金分红与公司价值之间的冲突并且有利于优化上市公司内部的治理机制。

外汇风险方面，郭飞（2012）以中国公司为样本，专题研究了使用外汇衍生品对冲外汇风险是否增加公司价值的问题，发现外汇衍生品使用带来了约10%的价值溢价，这一重要发现和基于发达国家的不少研究相一致。该研究成果支持了外汇衍生品在汇率风险管理中的积极作用。

郑鹏（2016）则研究了内外部治理机制对公司财务柔性的影响，以及财务柔性对公司价值的作用效果。

5. 公司价值评估方法

现有研究中，公司价值评估研究与公司价值决定研究存在一定程度的脱节。公司价值决定研究主要从理论上探讨公司价值的内涵和来源，而价值评估更多的是依据现金流和未来收益预测，从技术角度展开研究，体现出明显的实践性导向。例如，在国外，Miller 和 Modigliani（1966）的文章《股利政策、增长和股票定价》证明了股息政策与定价无关的观点，并在费雪的研究基础上，推导出在完美市场下，公司价值评估的现金流贴现模型，该模型的建立标志着公司价值评估进入了定量化阶段。Malkiel（1963）研究了自由现金流量价值评估模型，该模型以资本预算方法作为理论基础，建立了四种假设情况下对增长的预估，研究了怎样才能实现公司价值增值的目标。

Rappaport 则考虑五种重要价值驱动因素，即预期销售量和销售收入的增长、营业边际利润率、新增固定投资、新增营运资金投入、资本成本，设计出一个能够在计算机上使用的公司价值评估模型，并得到了广泛使用。这个模型受到了早期的杜邦财务分析方法的影响，杜邦财务分析方法的重点是资本的投资回报。Mayers（1974）提出了衡量公司价值的调整现值方法（APV），以替代 DCF 方法，该方法通过对企业资产的分解来理解各部分资产对企业整体价值的贡献。美国学者提出的帕利普－伯纳德－希利模式则强调以现金流折现法和价格乘数法来评估公司价值，即现在评估实务中所称的收益法和市场法。在后续研究中，对公司价值评估的现金流折现方法，在理论基础和实际应用方面国外学者做了较为系统的完善。

在国内，孙小琰、沈悦和罗璐琦（2008）基于期权定价思想的 KMV 估值模型，通过模型估算企业的股权资本价值和企业总价值时，不仅考虑了企业资产的现时价值，还考虑了企业未来获得良好发展前景的各种机会，体现了一个全面动态的过程。陈晓丹（2010）在生命周期框架下，讨论上市公司价值评估的两类常见方法——现金流折现法和相对比较估值法。张显峰（2012）基于成长性和创新能力对我国创业板上市公司价值进行评估研究。

四、研究思路与结构安排

　　从上述实践和研究现状的分析可以看出，公司价值管理的实践活动比较活跃，而相关研究则侧重于理论探索和实证分析，虽然理论上提出了许多对价值管理有启示的思路，但结合案例检验这些思路或探讨如何应用这些思路的文献还非常少见，甚至有些在理论上很有价值的结论，被实务界认为没有实践指导价值，例如资本结构理论是公司价值研究的重点领域，文献占比很大，但被认为没有给实务中如何融资提供有意义的指导。为了弥补理论研究和实务需求脱节的问题，本书采用以案例研究为主的方法，将实践中关注的价值管理重点问题，结合理论逐一进行讨论，以期为价值管理实践提供有意义的参考。

　　本书后文共有九章，第二章主要是明确上市公司价值管理的基本目标，以及量化管理所需要的估值方法，并结合案例对估值方法和过程进行剖析。第三章到第十章均是结合具体上市公司案例，从投资（对外和对内）、运营、筹资、分配、管控五个侧面具体分析上市公司经营中常见的重要财务问题，解析问题产生的动因、内在机理和价值影响等，从而为价值管理提供思路。其中，第三章结合格力电器、辽宁成大两个案例探讨了企业投资的战略结构问题，它涉及的就是理论上探讨的多元化折价还是溢价问题；第四章结合三一重工、春秋航空两个案例探讨了业务层面的非流动资产结构问题，它指向的就是既定战略下的轻资产和重资产问题；第五章结合华兰生物、华东数控、益生股份三个案例探讨了企业运营管理方面的问题，例如应收账款管理、存货管理、费用控制方面的效率如何影响公司价值的问题；第六章分析了筹资安排与公司价值的关系，并结合哈三联案例探讨了超额筹资可能产生的影响；第七章结合莲花健康探讨了财务杠杆、财务风险影响公司价值的具体过程；第八章以创业板上市公司的股利分配偏好为例，探讨了分配政策对股票超额收益、公司成长的价值影响；第九章结合珠海中富、恒通科技案例分析了资产重估、会计政策选择对企业短期和长期价值的影响；第十章结合 ZH 案例探讨了应计盈余管理、真实盈余管理对公司价值的影响。

第二章
上市公司价值管理理论基础

识别关键的公司价值驱动因素和对公司价值进行量化是进行价值管理的基础，本章对上市公司价值管理的这两个方面的基础理论和方法进行总结分析。

一、公司价值驱动因素

价值增长驱动因素可区分为公司治理因素、投资战略因素、融资战略（资本结构）因素等几个主要方面，分述如下：

（一）公司治理因素

根据利益相关者理论，公司是契约结合体，存在着股东与管理层之间的委托代理问题，还存在着大股东与中小股东的委托代理问题，此外还涉及供应商、客户等利益相关者，如何协调各方利益，形成公司发展聚力，是公司治理要解决的关键问题，也是决定企业能否朝着价值最大化方向发展的关键决定因素。公司治理是在现代企业两权分离背景下对公司控制权等相关要素进行合理配置的系统，它对保证公司战略有效性发挥着根本作用。

公司治理包括的因素和机制多且复杂，在实践中得到不断的探索和创新。

股权结构是公司治理中的基本要素和机制。股权结构一方面决定了公司控制权如重大事项决定权的配置，另一方面也决定了公司整个内部监督机制，是公司治理的产权基础。通常而言，过于分散或过于集中的股权结构不利于公司价值最大化，因为如果股权过度分散，"搭便车"现象就会增多，过于集中则容易出现"一股独大"下的利益侵占。

董事会、监事会结构也是公司治理的基本要素。董事会代表股东行使日常经营管理中重大事项的决策权力，是联结股东和管理层的重要公司治理机制。监事会则是监督公司董事与经理切实履行职责的重要机构。

薪酬制度是公司治理的另一重要因素。合理的薪酬契约是降低代理成本的一种重要激励机制，主要形式有管理层货币性薪酬和管理层持股。薪酬激励机制的有效性在于其是否有利于协调管理层利益目标和公司价值目标，管理层薪酬体系设计若能对企业管理者进行有效激励，例如让管理层适当持股，则有利于使管理层自身利益与股东利益趋于一致。

(二) 投资战略因素

企业投资活动是贯彻企业战略的具体渠道，是企业各项战略决策的主要财务表现，是实现公司价值管理目标的根本方面。

企业投资中，经常面临投资时机选择和多个项目的组合决策问题，投资组合是风险和收益的不同配置，有效的组合能够在维持预期收益条件下降低企业风险，增加公司价值。投资时机选择则涉及眼前的现金流问题和未来的增长期权问题。合理的投资战略既可以实现企业的持续增长，又可以产生良好投资效益，从而推动公司价值增长。

(三) 融资战略（资本结构）因素

融资战略对公司价值的影响，首先来自对投资活动的支持。投资是融资的目的，融资是投资的前提，因此融资也是公司价值创造的重要一环。其次，融资结构影响到资金成本和治理效率，进而影响公司价值。

融资方式可以分为内源融资和外源融资，外源融资又可分为外源债权融资和外源股权融资，各自形式还可进行进一步细分。不同融资方式的组合形成了资本结构问题。资本结构是指企业各种资本的价值构成及其比例关系。广义的资本结构是指企业全部资本的构成及其比例关系，如债务资本和股权资本的比例，短期资本和长期资本的比例。狭义的资本结构是指企业各种长期资本的构成及其比例关系，尤其是指长期债务资本与股权资本之间的比例关系。最佳资本结构便是使股东财富最大的资本结构。合理的资本结构对公司价值的影响体现在：债务融资能够给企业带来财务杠杆收益和节税收益，当总资产息税前利润率大于债务成本率时，企业进行债务融资，可以获得财务杠杆收益，提高公司价值；随着债务融资的增加，企业面临的财务风险增大，投资者在决策时会对企业财务风险进行评估，财务风险越大，企业筹资可能会变得越困难，其股票价格也可能受到负面影响；另外，负债融资可以通过优化控制权转移效应、信息传导效应和约束自由现金流等对公司价值产生正向影响。

二、公司价值量化

(一) 估值方法

公司价值的量化分析，即估值问题，既是市场投资者关心的核心信息，也是公司价值管理的指南。估值是将企业作为一个整体进行价值评估，对企业内在价值的量化评判。内在价值强调企业资产的未来获利能力，为股东创造财富的能力，为其他利益相关者带来利益的能力。

由于公司价值内涵比较复杂，价值评估的主体也不尽相同，因此公司价值评估就会出现多样性和复杂性，我们需要针对特定对象、特定主体寻找合适的价值评估方法。

目前常见的价值评估方法有成本法、收益法和市场法三大类，每类又有许多具体方法，形成一个估值方法体系。成本法本质上是对企业资产账面价值的一种调整，这种方法是来自对传统实物资产的评估，其理论依据是认为理性投资者在购置一项资产时，愿意支付的价格不会超过建造相同资产所付出的成本。由于成本法很少考虑企业的收益和支出，因而其估值结果具有局限性。收益法是将企业未来的收益贴现到当期，计算未来收益的当前价值，从而得到公司价值。它比成本法更好地体现了企业估值的目的，即评估企业未来收益能力。市场法的逻辑是根据市场上标的企业交易价格进行估算，在缺乏交易价格时则在市场上寻找和标的企业相似的企业作为参照。

本书将常见的估值方法体系化地总结，如图 2-1 所示：

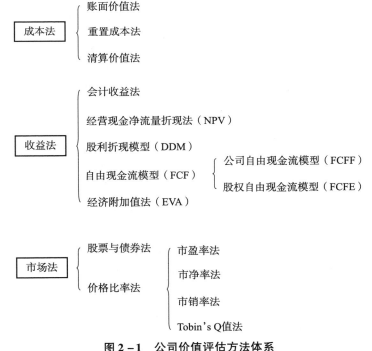

图 2-1 公司价值评估方法体系

1. 成本法

（1）账面价值法，指资产负债表中股东权益的价值或净值。这仅是对企业存量资产进行计量，无法反映企业的赢利能力、成长能力和行业特点。在实践中往往采用调整系数,对账面价值进行调整,即:目标公司价值＝目标公司的账面净资产×(1＋调整系数)。

(2)重置成本法,指重新构建一个与目标公司完全相同的企业需要花费的成本。当然,采用重置成本法必须考虑到现存设备贬值情况。计算公式为:目标公司价值＝企业资产目前市场全新的价格－有形折旧额－无形折旧额。重置成本法是"面向现在"的一种成本估值方法,目前在我国评估实务中运用较多,但它忽略了经营效率、管理水平、商誉等无形资产对公司价值的影响。

(3)清算价值法,是在企业已经失去作为一个整体而具有的增值能力情况下的一种估价方法,在企业出现财务危机而破产或停业清算时,将企业中的实物资产逐个分离而单独出售得到的收入即为清算价值,它反映的是一个企业的最低价值。

2. 收益法

收益法的基本原理是通过预测目标公司未来所产生的某种口径的收益,然后根据投资者要求的必要回报率,对这些收益进行折现和累加,从而得到目标公司的当前价值。根据使用的收益指标类型(不同的收益口径或收益内涵),收益法区分为很多具体方法,较常见的有:

(1)会计收益法,依据目标公司未来的每期会计收益,并根据投资者要求的必要收益率对其进行折现,从而得到目标公司价值的评估方法。

(2)经营现金净流量折现法(NPV),是企业估值和资产估值中常用的一种基础方法,基本原理是以投资者要求的必要报酬率为折现率,对该企业预期未来能产生的现金流量进行折现,所计算出的现值之和为公司价值。

(3)股利折现模型(DDM),是以公司实际支付给股东的股利为收益对象来进行企业估值。由于现金股利代表公司实际上付给股东的现金流,对这部分现金流的估值能让投资者更清楚地了解目标公司的实际投资价值。DDM可以根据分红发放的不同而分成三种:零增长模型,不变增长模型和多段增长模型。

(4)自由现金流模型(FCF),是以公司自由现金流为计算依据进行公司估值。自由现金流是全部现金流入扣除成本费用和必要的投资后的剩余现金量。具体可分为公司自由现金流模型(FCFF)和股权自由现金流模型(FCFE)。

自由现金流估值的优势在于:①基于现金流概念,将流动性风险包含在估值之中;②在现金流计算中剔除了必要资本性支出部分,必要资本性支出是企业可持续性经营的基础,不能用于分配,它是维持企业持续经营的投入部分,将其扣除更符合收益法估值的基本原理。

采用自由现金流评估公司价值,除可用基本模型外,也可以采用零增长模型、固定增长模型和二阶段增长模型,即对未来自由现金流的变化作出一定假设。

(5) 经济增加值法（EVA），是以企业的经济增加值为收益对象进行企业估值。经济增加值指企业总收入超过其全部经济成本的剩余部分，即：

经济增加值 = 调整后税后经营利润 − 调整后的投资资本 × 加权平均资本成本

经济增加值是一个经济利润概念，不同于会计利润，它在会计成本基础上增加了资金的机会成本。经济利润反映了企业创造价值的能力，可用于对管理层的考核。经济附加值法的优点：①在计算企业的资本成本时，不仅考虑了负债资本的成本，而且考虑了权益资本的成本，使评估结果更为准确、合理，更体现"经济"意义上的价值创造，更便于激励机制和决策机制的运行；②建立在经济增加值基础之上的管理考核体系更能体现对股东财富创造的关注。经济附加值法的缺点：在使用经济附加值指标时需要对会计利润进行调整，使用起来比较麻烦，并且对于调整指标的选取也具有一定的任意性和主观性。

在计算经济附加值时，需要对会计数据进行一系列调整，调整的主要原因是会计处理和经济含义上的资本化支出和费用化支出并不完全一致。

3. 市场法

（1）市盈率法。市盈率是指普通股每股市价与每股收益的比率，估值公式为：

目标公司每股价值 = 可比企业平均市盈率 × 目标公司的每股收益

市盈率法的优点：①计算市盈率的数据容易取得，并且计算简单；②市盈率把价格和收益联系起来，直观地反映投入和产出的关系；③市盈率涵盖了风险补偿率、增长率、股利支付率的影响，具有很高的综合性。市盈率法的局限性：①如果收益是负值，市盈率就失去了意义；②市盈率除受企业本身基本面的影响以外，还受到整个经济景气程度的影响，如果是一个周期性的企业，则公司价值可能被歪曲。市盈率法适合连续盈利，并且 β 值接近于 1 的企业。

（2）市净率法。市净率是指每股市价与每股净资产的比率，估值公式为：

目标公司股权价值 = 可比企业平均市净率 × 目标公司净资产

市净率法的优点：①净利为负值的企业不能用市盈率进行估价，而且市净率极少为负值，可用于大多数企业；②净资产账面价值的数据容易取得，并且容易理解；③净资产账面价值比净利稳定，也不像利润那样经常被人为操纵；④如果会计标准合理并且各企业会计政策一致，市净率的变化可以反映公司价值的变化。市净率法的局限性：①固定资产很少的服务性企业和高科技企业，净资产与公司价值的关系不大，其市净率比较没有什么实际意义；②少数企业的净资产是负值，市净率没有意义，无法应用。因此，此种方法主要适用于拥有大量资产且净资产为正值的企业。

（3）市销率法。市销率是指每股市价与每股销售收入的比率，估值公式为：

目标公司股权价值 = 可比企业平均市销率 × 目标公司的销售收入

市销率法的优点：①它不会出现负值，对于亏损企业和资不抵债的企业，也可以计算出一个有意义的价值乘数；②它比较稳定、可靠，不容易被操纵；③市销率对价格政策和企业战略变化敏感，可以反映这种变化的后果。市销率法的局限性：不能反映成本的变化，而成本是影响企业现金流量和价值的重要因素之一。因此，这种方法主要适用于销售成本率较低的服务类企业，或者销售成本率趋同的传统行业的企业。

（4）Tobin's Q 值法。Tobin's Q 定义为企业的市场价值和资本重置价值之比。它有两种方法计算：第一种是权益法，这里的市场价值就是股价乘以发行在外的股数，资本的重置价值就是所有者权益的账面价值；第二种是资本法，这里的市场价值就是股权和债权两部分，股权和前述计算方法一样，债权可以按照公开发行债券的数量乘以债券的交易价格，资本重置价值，就是资产总额。

Tobin's Q 值大于 1，说明企业创造的价值大于投入的资本成本，表明企业为社会创造了价值，是"财富的创造者"。

（二）估值过程框架

一个完整的估值过程包括：识别目标公司所在行业特征，辨识企业战略，评估企业财务报表质量，分析目标公司盈利能力和风险，编制预测财务报表，计算估值。常见估值流程如图 2-2 所示。

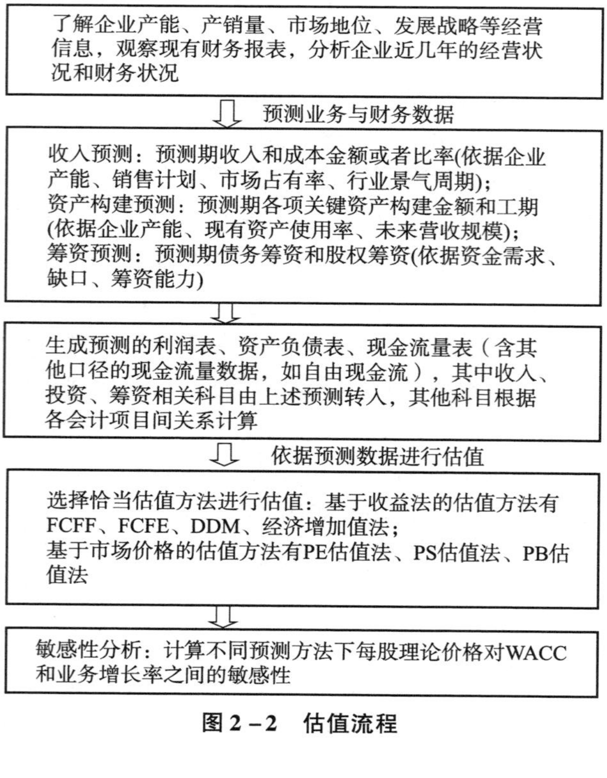

```
┌─────────────────────────────────────────┐
│ 了解企业产能、产销量、市场地位、发展战略等经营 │
│ 信息，观察现有财务报表，分析企业近几年的经营状 │
│ 况和财务状况                             │
└─────────────────────────────────────────┘
                    ↓ 预测业务与财务数据
┌─────────────────────────────────────────┐
│ 收入预测：预测期收入和成本金额或者比率(依据企业 │
│ 产能、销售计划、市场占有率、行业景气周期)；     │
│ 资产构建预测：预测期各项关键资产构建金额和工期 │
│ (依据企业产能、现有资产使用率、未来营收规模)； │
│ 筹资预测：预测期债务筹资和股权筹资(依据资金需求、│
│ 缺口、筹资能力)                           │
└─────────────────────────────────────────┘
                    ↓
┌─────────────────────────────────────────┐
│ 生成预测的利润表、资产负债表、现金流量表（含其 │
│ 他口径的现金流量数据，如自由现金流），其中收入、│
│ 投资、筹资相关科目由上述预测转入，其他科目根据 │
│ 各会计项目间关系计算                       │
└─────────────────────────────────────────┘
                    ↓ 依据预测数据进行估值
┌─────────────────────────────────────────┐
│ 选择恰当估值方法进行估值：基于收益法的估值方法有│
│ FCFF、FCFE、DDM、经济增加值法；           │
│ 基于市场价格的估值方法有PE估值法、PS估值法、PB估│
│ 值法                                    │
└─────────────────────────────────────────┘
                    ↓
┌─────────────────────────────────────────┐
│ 敏感性分析：计算不同预测方法下每股理论价格对WACC│
│ 和业务增长率之间的敏感性                   │
└─────────────────────────────────────────┘
```

图 2-2 估值流程

估值中，有充分的数据作为支撑非常关键，数据越全面，价值评估越可靠。我们认为，上市公司投资价值评估中需要的数据框架主要包括以下方面（见图 2-3）：一是企业经营环境数据，如政策环境、金融环境、市场环境、技术环境等方面的信息；二是企业战略信息，例如，企业是采取多元化发展战略还是归核化战略，对企业战略信息的把握有利于明确价值评估的方向性判断；三是企业相关具体业务活动的信息，如经营活动、投资活动、筹资活动；四是企业会计政策、会计报告等企业活动的价值量信息。

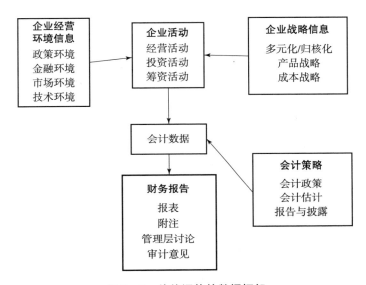

图 2-3 价值评估的数据框架

（三）企业估值案例分析——基于生益科技

1. 案例公司简介

1）概况

生益科技全称为广东生益科技股份有限公司，创建于 1985 年，是一家中外合资股份制上市公司。1998 年在上海证券交易所成功上市，是国内覆铜板（PCB）行业首家上市公司。公司集研发、生产、销售、服务高端电子材料为一体，立足于自主生产高标准、高品质、高性能、高可靠性的覆铜板、半固化片、绝缘层压板、金属基覆铜箔板类、涂树脂铜箔、覆盖膜类等高端电子材料。公司生产的产品主要用于制作单、双面线路板及多层线路板，广泛用于家电、手机、汽车、电脑、航空航天工业、通信设备以及各种中高档电子产品。公司的主导产品已获得众多国内外大型企业认可，并销往美洲、欧洲、韩国、日本、东南亚等世界多个国家和地区。

2）财务数据摘要

公司资本结构、近年股利等情况如表2-1~表2-4所示。

表2-1　生益科技近年股利及相关数据

项目	2010年	2011年	2012年	2013年	2014年	2015年	2016年	2017年
每股基本收益/元	0.56	0.43	0.23	0.39	0.36	0.38	0.52	0.74
每股净资产/元	2.76	3.73	2.85	3.10	3.08	3.25	3.50	3.93
每股经营现金净流量/元	0.36	0.53	0.22	0.51	0.14	0.79	0.81	0.41
股本/万股	95,702	109,463	142,302	142,302	142,302	143,755	144,113	145,750
每股现金股利/元	0.3	0.32	0.15	0.4	0.25	0.3	0.33	0.45

数据来源：公司年报。

表2-2　收入与成本情况　　　　　　　　　　　　　　　　单位：万元

项目	2013年	2014年	2015年	2016年	2017年
营业总收入	657,026	741,807	761,023	853,832	1,075,155
产品营业收入	657,026	741,807	761,023	853,832	1,075,155
覆铜板和粘结片	607,270	612,091	610,267	699,466	894,506
印制线路板	31,298	114,281	138,452	143,410	167,293
硅微粉	9,354	3,580			
其他业务	9,104	11,855	12,304	10,956	13,356
营业总成本	613,985	685,751	699,408	768,156	955,724
产品营业成本	558,652	612,675	617,724	678,474	844,322
覆铜板和粘结片	522,980	509,694	496,785	557,583	716,418
印制线路板	29,264	99,786	119,510	117,343	126,331
硅微粉	4,662	1,587			
其他业务	1,745	1,608	1,429	3,548	1,573
税金及附加	3,905	2,519	2,650	5,209	8,568
销售费用	15,924	17,230	17,440	20,301	22,978
管理费用	30,350	43,932	48,626	54,280	68,407
财务费用	4,720	6,498	11,452	8,622	8,675
资产减值损失	435	2,897	1,516	1,270	2,774

数据来源：公司年报。

表2-3 资产负债情况　　　　　　　　　　　　　　　　　　单位：万元

项　目	2013年	2014年	2015年	2016年	2017年
流动资产					
货币资金	123,191	49,719	77,234	58,910	221,531
以公允价值计量且其变动计入当期损益的金融资产			7,854	7,312	12,239
应收票据	42,742	42,472	47,044	44,554	60,164
应收账款	236,073	248,645	264,942	295,468	381,371
预付款项	452	616	458	810	714
应收利息	58				
其他应收款	2,855	2,734	2,301	2,986	1,461
应收股利					
存货	99,737	136,162	109,565	113,872	159,939
其中：消耗性生物资产					
其他流动资产	8,373	11,366	2,493	7,434	10,534
其他金融类流动资产					
流动资产合计	513,480	491,714	511,890	531,346	847,953
长期股权投资	776	4,473	5,494	6,734	22,771
投资性房地产					
固定资产	207,070	269,680	308,656	365,520	351,605
在建工程	45,428	36,156	23,592	15,806	29,536
无形资产	23,425	24,773	28,148	27,155	28,388
递延所得税资产	3,192	4,637	8,230	6,828	3,843
其他非流动资产					
非流动资产合计	279,891	339,720	374,120	422,042	436,143
资产总计	793,371	831,433	886,010	953,387	1,284,096
权益状况					
短期借款	90,690	130,537	131,797	118,539	141,924
应付票据					600
应付账款	147,484	139,593	142,700	174,172	197,389
预收款项	216	253	328	416	558
应付职工薪酬	10,582	13,768	14,549	19,068	28,578
应交税费	4,386	4,200	5,045	5,507	8,533

续表

项　目	2013 年	2014 年	2015 年	2016 年	2017 年
应付利息	494	1,188	691	733	466
应付股利	6	6	6	6	6
其他应付款	4,906	6,590	4,842	7,650	9,269
一年内到期的非流动负债	23,267	46,153	34,147	41,899	21,422
流动负债合计	282,030	342,290	334,105	367,989	408,746
长期借款	49,794	33,990	63,074	46,675	77,197
应付债券					142,994
递延所得税负债					5,949
递延收益－非流动负债		4,439	8,290	8,258	7,372
其他非流动负债	6,629				
非流动负债合计	56,423	38,429	71,363	54,933	233,512
负债合计	338,453	380,719	405,468	422,922	642,258
实收资本（或股本）	142,302	142,302	143,755	144,113	145,750
其他权益工具					29,440
资本公积金	104,742	107,456	115,963	119,805	127,871
其他综合收益		－155	－6	1,043	－619
盈余公积金	46,840	50,782	59,286	66,499	74,573
未分配利润	147,744	138,423	148,767	173,247	224,766
外币报表折算差额	－151				
归属于母公司所有者权益合计	441,477	438,808	467,765	504,706	601,782
少数股东权益	13,440	11,906	12,777	25,760	40,057
所有者权益合计	454,918	450,715	480,542	530,466	641,838
负债和所有者权益总计	793,371	831,433	886,010	953,387	1,284,096

数据来源：公司年报。

表 2－4　现金流量　　　　　　　　　　　　　　　　　单位：万元

项　目	2013 年	2014 年	2015 年	2016 年	2017 年
经营活动产生的现金流量					
经营活动现金流入	718,847	802,690	822,969	868,094	948,529
经营活动现金流出	646,911	782,118	709,984	751,332	889,214
经营活动现金流量净额	71,935	20,572	112,985	116,762	59,315

续表

项 目	2013年	2014年	2015年	2016年	2017年
投资活动产生的现金流量					
投资活动现金流入	18,150	1,654	237	765	1,094
投资活动现金流出	63,898	83,379	64,766	76,742	70,719
投资活动现金流量净额	-45,748	-81,725	-64,529	-75,978	-69,625
筹资活动产生的现金流量					
筹资活动现金流入	263,667	320,188	287,522	232,636	485,362
筹资活动现金流出	235,796	331,678	309,107	293,936	311,450
筹资活动现金流量净额	27,871	-11,490	-21,585	-61,299	173,912
汇率变动对现金的影响	-574	-110	641	912	-716
现金及现金等价物净增加额	53,485	-72,753	27,511	-19,603	162,886
期初现金及现金等价物	68,988	122,473	49,719	77,230	57,627
期末现金及现金等价物	122,473	49,719	77,230	57,627	220,513
补充资料					
净利润	55,920	52,239	55,294	76,064	111,334
加：资产减值准备	435	2,897	1,516	1,270	2,774
固定资产等折旧	19,903	23,340	27,932	31,837	35,250
无形资产摊销	426	720	881	1,014	1,056
处置固定资产等长期资产的损失	138	-33	614	-64	-87
固定资产报废损失	443	164	632	436	330
公允价值变动损失			2,184	507	-4,284
财务费用	4,045	7,705	12,731	8,649	9,872
投资损失	43	-907	-905	-1,418	-2,054
递延所得税资产减少	992	-1,454	-2,050	1,592	1,830
递延所得税负债增加					276
存货的减少	6,508	-40,500	25,892	-5,033	-48,240
经营性应收项目的减少	-2,108	-18,316	-21,105	-29,600	-100,513
经营性应付项目的增加	4,636	-5,283	9,369	31,508	51,894
其他	-19,445				-125
间接法-经营活动现金流量净额	71,935	20,572	112,985	116,762	59,315
现金的期末余额	122,473	49,719	77,230	57,627	220,513
减：现金的期初余额	68,988	122,473	49,719	77,230	57,627
间接法-现金及现金等价物净增加额	53,485	-72,753	27,511	-19,603	162,886

数据来源：公司年报。

2. 业务与财务数据预测

1）收入预测

公司经营情况：在产能和销售方面，根据2017年年报，2017年公司全年销售覆铜板7,969万平方米，同比增长6.6%；销售粘结片1.05亿平方米，同比增长10%；销售印制电路90.3万平方米，同比增长14.22%。

公司作为国内覆铜板龙头和全球市场占有率排名第二的企业，即使在原材料价格上涨和环保政策趋严背景下，也有较强的议价能力和成本控制能力。例如，2017年上半年原材料价格上涨，公司调高销售价格，价格较上年增加25.32%，而单位成本较上年增加22.45%，单位成本上升幅度小于销售价格上升幅度，带动毛利率上升。刚性覆铜板2017年上半年毛利率较2016年度上升1.80个百分点。销售端，产品供不应求，部分订单交货期延长到10天。

公司产能处于持续扩张中。随着公司松山湖、陕西生益等项目投产，预计到2021年公司覆铜板产能有望实现翻倍增长，公司在行业中的市场占有率将进一步提升。2017年在建工程2.95亿元，同比增加86%，主要系子公司生益电子2017年二期扩产工程投入和本公司涂布法无胶FCCL项目投入增加。公司在松山湖三分厂和松山湖四分厂打造行业首个汽车产品专业工厂，支撑公司汽车业务保持行业领军地位。IC载带产品紧抓国内市场的脚步，高频材料基于过去多年的积累且积极解决铜箔短缺和供应不足等问题，销量实现飞跃式增长，并且布局了高频产品的专业工厂，买下中兴化成PTFE产品的全套工艺、技术和设备解决方案，使得公司高频产品布局更加完整，起点更高。FCCL方面引进韩国LG涂覆法软性无胶基材成套设备及技术，与普通的PI工艺有一定成本优势，有望有效提升公司的软性材料技术水平，也填补了国内技术空白，迎合FPC国产化趋势。

公司研发投入主要集中在以下几个方面：适用于服务器的低介质损耗基材、具备更高可靠性与耐热性的汽车电子基材、应用于通信的高耐热低介质损耗高速基材、5G用高频基材、高密度互连（HDI）用基材、车载充电器用高CTI基材、热导率3.0瓦/（米·开）铝基板等，这些技术均可占据国产覆铜板制高点，提高公司未来业绩增长弹性。

需求方面，汽车电子和5G需求带来公司新的成长动力。相对于覆铜板在消费电子领域应用，覆铜板在汽车电子领域的认证周期更长、进入门槛更高，公司已经切入博世、大陆、电装等全球领先的企业电子供应链。随着汽车电子在整车成本占比提升，公司将持续受益。此外，5G即将进入快速增长阶段，行业对高频高速基材将呈现爆发式增长，而高频信号对覆铜板性能要求更高，产品附加值高于普通覆铜板。

综合以上背景分析，生益科技业务收入增长前景较为乐观。估值实践中，基于市场增长的乐观预测，可以以最近一期的收入增长率作为预测依据；而基于稳健考虑，则可用最近三年的平均增长率作为预测依据。为了计算简单，本书以近一年营业收入增长率作为未来收入预测依据，则未来 5 年营业收入预测情况如表 2-5 所示。

表 2-5　生益科技未来 5 年营业收入预测

预测项目	2017 年实际	2018 年	2019 年	2020 年	2021 年	2022 年
营业收入/万元	1,075,155	1,353,848	1,704,782	2,146,681	2,703,126	3,403,808
增长率/%	25.92	25.92	25.92	25.92	25.92	25.92
营业成本/万元	844,322	1,063,180	1,338,769	1,685,794	2,122,771	2,673,018
毛利率/%	21.47	21.47	21.47	21.47	21.47	21.47

2）主要长期资产投资预测

生益科技为科技型制造性企业，故主要预测固定资产投资和无形资产投资，相关预测如表 2-6～表 2-8 所示。

表 2-6　长期资产投资预测参数

项　　目	预测参数
固定资产	
预测依据原则	实现营收目标所要求的固定资产规模
折旧年限/年	10
剩余建设期/年	1
（近三年固定资产/营业收入平均比率）/%	38.7
（产能闲置调整后的必要固定资产/营收比率）/%	34.8
无形资产	
预测依据原则	实现营收目标所要求的无形资产规模
摊销年限/年	10
剩余开发期/年	1
（近三年无形资产/营业收入平均比率）/%	3.2

表 2-7　固定资产投资预测结果　　　　　　　　单位：万元

项　　目	2018 年	2019 年	2020 年	2021 年	2022 年
要求的固定资产净值	523,804	659,580	830,551	1,045,840	1,316,934
要求的新增固定资产	172,199	135,776	170,971	215,289	271,094

续表

项目	2018 年	2019 年	2020 年	2021 年	2022 年
考虑折旧后的固定资产投资额预测	456,871	314,478	398,662	504,963	0*
初始固定资产原值	634,185				
2018 年新增固定资产	29,536				
2019 年新增固定资产		456,871			
2020 年新增固定资产			314,478		
2021 年新增固定资产				398,662	
2022 年新增固定资产					504,963
期末固定资产原值	634,185	663,721	1,120,592	1,435,070	1,833,732
当期计提折旧	30,205	66,372	112,059	143,507	183,373
期末固定资产净值	351,605	314,768	659,580	830,551	1,045,840
期末在建工程	634,185	663,721	1,120,592	1,435,070	1,833,732

*注：假定预测期后未有新增扩张需求。

表 2-8　无形资产投资预测结果　　　　　　　　单位：万元

项目	2018 年	2019 年	2020 年	2021 年	2022 年
要求的无形资产净值	42,959	54,095	68,117	85,773	108,007
要求的新增无形资产	14,571	11,136	14,022	17,657	22,233
考虑摊销后的无形资产投资额预测	36,854	23,820	30,506	38,980	0*
初始无形资产原值	37,309				
2018 年新增无形资产	0				
2019 年新增无形资产		36,854			
2020 年新增无形资产			23,820		
2021 年新增无形资产				30,506	
2022 年新增无形资产					38,980
期末无形资产原值	37,309	37,309	74,163	97,983	128,489
当期计提摊销		3,731	7,416	9,798	12,849
期末无形资产净值	28,388	24,657	54,095	68,117	85,773
期末开发支出	0	36,854	23,820	30,506	38,980

*注：假定预测期后未有新增扩张需求。

3）筹资预测

筹资预测是根据企业营业规模扩张所产生的资金缺口以及可能筹资渠道进行预测。筹资渠道通常分为债务筹资和股权筹资两类。在资金可得性强的背景下，筹资预测考虑筹资成本，而筹资成本的考虑可体现在目标资本结构上。在本例中，为了计算简单，我们假设筹资的主要依据是维持目标资本结构。筹资相关预测参数和结果如表2-9和表2-10所示。

表2-9 筹资预测参数

预测参数	目标资本结构
债务筹资/资金缺口	100.00%
长期带息债务筹资/资金缺口	70.00%
股权融资发行价格（元，按预测日收盘价）	9.51
银行存款利率	2.25%
短期借款利率	5.31%
长期借款利率	5.76%
最低现金余额/营业收入	1%

表2-10 筹资预测结果　　　　　　　　　　　单位：万元

项　目	2018年	2019年	2020年	2021年	2022年
期初现金余额	221,531	13,538	17,048	21,467	27,031
加：经营现金净流量	100,939	172,273	208,394	278,966	340,501
投资现金净流量	-491,858	-336,431	-427,300	-542,077	1,867
减：最低现金余额	13,538	17,048	21,467	27,031	34,038
现金剩余（"-"缺口）	-182,926	-167,667	-223,325	-268,675	335,362
筹资					
长期带息债务增加	128,049	117,367	156,328	188,073	-335,362
计入短期借款前融资流入*	39,436	-168	4,607	-6,797	-574,014
短期借款增加	143,491	167,835	218,718	275,472	238,652

* 此处不考虑短期借款前的筹资现金流量净额，包括长期债务增减、付息和支付股利等。

4）形成预测报表

除以上关键项目的预测外，对于其他费用、分配等项目的预测如表2-11～表2-14所示，对于未明确指出的项目则使用最新年报数据代替。

表 2-11 预测利润表

项目	2018年	2019年	2020年	2021年	2022年
营业收入/万元	1,353,848.31	1,704,781.69	2,146,681.11	2,703,126.04	3,403,808.04
减：营业成本/万元	1,063,180.24	1,338,769.04	1,685,793.69	2,122,771.19	2,673,018.40
营业税金及附加/万元	10,788.89	13,585.50	17,107.02	21,541.36	27,125.13
占营业收入百分比/%	0.80	0.80	0.80	0.80	0.80
销售费用/万元	28,933.74	36,433.70	45,877.75	57,769.80	72,744.40
占营业收入百分比/%	2.14	2.14	2.14	2.14	2.14
管理费用/万元	86,138.93	108,467.16	136,583.12	171,987.06	216,568.13
占营业收入百分比/%	6.36	6.36	6.36	6.36	6.36
利息费用/万元	25,072.11	42,706.19	60,762.36	83,689.52	92,956.19
其他财务费用/万元	2,465.73	3,104.88	3,909.70	4,923.14	6,199.28
占营业收入百分比/%	0.18	0.18	0.18	0.18	0.18
资产减值损失/万元	1,853.35	1,853.35	1,853.35	1,853.35	1,853.35
加：其他经营性净收益/万元	0.00	0.00	0.00	0.00	0.00
税前经营利润/万元	135,415.32	159,861.87	194,794.13	238,590.62	313,343.16
减：经营利润所得税/万元	20,312.30	23,979.28	29,219.12	35,788.59	47,001.47
所得税率/%	15.00	15.00	15.00	15.00	15.00
税后经营利润/万元	115,103.02	135,882.59	165,575.01	202,802.02	266,341.68
其他非经营性收益/万元	1,921.20	1,921.20	1,921.20	1,921.20	1,921.20
税前非经营利润/万元	1,921.20	1,921.20	1,921.20	1,921.20	1,921.20
减：非经营利润所得税/万元	288.18	288.18	288.18	288.18	288.18
加：税收减免或返还（追缴以"-"填列）/万元	234.27	234.27	234.27	234.27	234.27
税后非经营利润/万元	1,867.30	1,867.30	1,867.30	1,867.30	1,867.30
税后利润合计/万元	116,970.32	137,749.88	167,442.30	204,669.32	268,208.98
减：少数股东损益/万元	4,192.79	4,937.63	6,001.95	7,336.35	9,613.92
（少数股东损益/税后利润合计）/%	3.58	3.58	3.58	3.58	3.58
归属母公司股东的净利润/万元	112,777.53	132,812.26	161,440.36	197,332.97	258,595.06
减：普通股股利/万元	63,540.51	74,828.37	90,957.86	111,180.29	145,696.24
股利支付率/%	56.34	56.34	56.34	56.34	56.34
本期利润留存/万元	49,237.02	57,983.89	70,482.50	86,152.69	112,898.82

表 2-12　预测资产负债表　　　　　　　　　　　　　单位：万元

项　目	2018 年	2019 年	2020 年	2021 年	2022 年
货币资金	13,538.48	17,047.82	21,466.81	27,031.26	34,038.08
交易性金融资产	12,238.66	12,238.66	12,238.66	12,238.66	12,238.66
应收票据及账款	587,473.10	708,266.68	923,344.06	1,131,199.34	1,455,905.82
预付账款	1,202.20	1,210.24	1,827.54	1,997.67	2,819.07
其他应收款	4,138.70	2,912.81	5,966.54	5,214.45	8,864.78
存货	209,477.08	255,695.83	330,055.36	407,529.42	521,246.00
混业经营金融类资产	0.00	0.00	0.00	0.00	0.00
其他流动资产	10,534.17	10,534.17	10,534.17	10,534.17	10,534.17
流动资产合计	838,602.40	1,007,906.21	1,305,433.13	1,595,744.95	2,045,646.58
长期应收款	0.00	0.00	0.00	0.00	0.00
长期股权投资	22,771.44	22,771.44	22,771.44	22,771.44	22,771.44
投资性房地产	0.00	0.00	0.00	0.00	0.00
固定资产	312,914.86	655,873.44	824,991.01	1,038,426.24	1,307,666.80
在建工程	456,871.17	314,477.95	398,661.80	504,963.47	—
无形资产	24,656.96	54,094.78	68,116.79	85,773.46	108,006.94
开发支出	36,854.11	23,820.32	30,505.54	38,980.40	—
其他非流动资产	3,843.37	3,843.37	3,843.37	3,843.37	3,843.37
非流动资产合计	857,911.92	1,074,881.31	1,348,889.95	1,694,758.38	1,442,288.56
资产总计	1,696,514.32	2,082,787.52	2,654,323.08	3,290,503.33	3,487,935.13
短期借款	285,414.58	453,249.23	671,966.95	947,439.36	1,186,091.79
交易性金融负债	0.00	0.00	0.00	0.00	0.00
应付票据及账款	285,413.16	323,293.11	443,196.96	521,976.33	693,381.21
预收账款	582.94	853.17	955.19	1,321.92	1,545.45
其他应付款	9,269.42	9,269.42	9,269.42	9,269.42	9,269.42
混业经营金融类负债	0.00	0.00	0.00	0.00	0.00
其他流动负债	59,005.60	59,005.60	59,005.60	59,005.60	59,005.60
流动负债合计	639,685.70	845,670.53	1,184,394.13	1,539,012.63	1,949,293.47
长期带息债务	348,239.58	465,606.44	621,933.95	810,006.67	474,644.89
长期应付款	0.00	0.00	0.00	0.00	0.00
专项应付款	0.00	0.00	0.00	0.00	0.00
预计负债	0.00	0.00	0.00	0.00	0.00
其他非流动负债	13,320.94	13,320.94	13,320.94	13,320.94	13,320.94

续表

项　目	2018年	2019年	2020年	2021年	2022年
非流动负债合计	361,560.52	478,927.38	635,254.89	823,327.61	487,965.84
负债合计	1,001,246.21	1,324,597.91	1,819,649.02	2,362,340.24	2,437,259.31
股本	145,749.97	145,749.97	145,749.97	145,749.97	145,749.97
资本公积	127,871.46	127,871.46	127,871.46	127,871.46	127,871.46
其中：期初资本公积	127,871.46	127,871.46	127,871.46	127,871.46	127,871.46
累计留存收益	377,397.19	435,381.07	505,863.57	592,016.25	704,915.07
其中：期初留存收益	328,160.17	377,397.19	435,381.07	505,863.57	592,016.25
当期留存收益	49,237.02	57,983.89	70,482.50	86,152.69	112,898.82
归属母公司股东的权益	651,018.62	709,002.51	779,485.01	865,637.69	978,536.51
少数股东权益	44,249.48	49,187.11	55,189.05	62,525.40	72,139.32
股东权益合计	695,268.10	758,189.62	834,674.06	928,163.09	1,050,675.83
负债和股东权益合计	1,696,514.32	2,082,787.52	2,654,323.08	3,290,503.33	3,487,935.13

表 2-13　预测现金流量表　　　　　　　　　　　　　　　　　单位：万元

项　目	2018年	2019年	2020年	2021年	2022年
将净利润调节为经营活动的现金流量					
税后经营利润	115,103.02	135,882.59	165,575.01	202,802.02	266,341.68
加：折旧与摊销	70,103.00	119,475.53	153,305.36	196,222.09	250,616.48
资产减值损失	1,853.35	1,853.35	1,853.35	1,853.35	1,853.35
利息费用	25,072.11	42,706.19	60,762.36	83,689.52	92,956.19
存货的减少（增加以"-"填列）	-49,538.21	-46,218.75	-74,359.53	-77,474.05	-113,716.58
经营性应收项目的减少（增加以"-"填列）	-149,103.57	-119,575.73	-218,748.40	-207,273.32	-329,178.23
经营性应付项目的增加（减少以"-"填列）	87,449.08	38,150.18	120,005.88	79,146.09	171,628.41
其他经营活动有关的现金流量	0.00	0.00	0.00	0.00	0.00
经营活动产生的现金流量净额	100,938.78	172,273.36	208,394.02	278,965.71	340,501.30

续表

项　　目	2018 年	2019 年	2020 年	2021 年	2022 年
投资活动产生的现金流量					
交易性金融资产的减少（增加以"-"填列）	0.00	0.00	0.00	0.00	0.00
加：金融资产投资的减少（增加以"-"填列）	0.00	0.00	0.00	0.00	0.00
取得投资收益收到的现金	0.00	0.00	0.00	0.00	0.00
资产处置收益收到的现金	0.00	0.00	0.00	0.00	0.00
减：固定资产投资	456,871.17	314,477.95	398,661.80	504,963.47	0.00
无形资产投资	36,854.11	23,820.32	30,505.54	38,980.40	0.00
投资性房地产投资	0.00	0.00	0.00	0.00	0.00
长期股权投资增加	0.00	0.00	0.00	0.00	0.00
长期待摊费用增加	0.00	0.00	0.00	0.00	0.00
加：其他投资活动有关的现金流量	1,867.30	1,867.30	1,867.30	1,867.30	1,867.30
投资活动产生的现金流量净额	-491,857.99	-336,430.98	-427,300.04	-542,076.57	1,867.30
筹资活动产生的现金流量					
股权筹资额	0.00	0.00	0.00	0.00	0.00
加：长期带息债务增加/减少	128,048.53	117,366.86	156,327.51	188,072.72	-335,361.77
减：支付普通股股利	63,540.51	74,828.37	90,957.86	111,180.29	145,696.24
偿付利息	25,072.11	42,706.19	60,762.36	83,689.52	92,956.19
加：其他筹资活动有关的现金流量	0.00	0.00	0.00	0.00	0.00
计入短期借款前融资流入	39,435.91	-167.70	4,607.29	-6,797.09	-574,014.21
加：短期借款增加/减少	143,490.56	167,834.65	218,717.73	275,472.41	238,652.43
筹资活动现金流量净额	182,926.48	167,666.95	223,325.01	268,675.31	-335,361.77
现金及现金等价物净增加					
现金及现金等价物净增加额	-207,992.73	3,509.33	4,418.99	5,564.45	7,006.82
加：现金及现金等价物期初余额	221,531.22	13,538.48	17,047.82	21,466.81	27,031.26
现金及现金等价物期末余额	13,538.48	17,047.82	21,466.81	27,031.26	34,038.08

表 2 – 14　其他项目预测的相关依据

项　　　目	预测依据
经营收支预测假设	
营业收入	增长率
营业成本	1 –（营业成本合计/营业收入合计）
营业税金及附加	营业税金及附加/营业收入
销售费用	销售费用/营业收入
管理费用	管理费用/营业收入
其他财务费用	其他财务费用/营业收入
所得税	所得税率
权益相关预测假设	
少数股东损益	少数股东损益/税后利润合计
普通股股利	股利/归属母公司股东的净利润
资产相关预测假设	
应收票据及账款	营业收入/平均应收票据及账款
预付账款	营业收入/平均预付账款
其他应收款	营业收入/平均其他应收款
存货	营业成本/平均存货
负债相关预测假设	
应付票据及账款	营业收入/平均应付票据及账款
预收账款	营业收入/平均预收账款

3. 估值

在多种可供选择的企业估值方法中，我们应当根据估值目的和目标公司特征选择合理的方法。在前述方法中，自由现金流模型、股利折现模型都考虑了企业未来的价值、企业的成长空间和时间价值及风险因素，因此，我们将首先使用自由现金流模型对其进行估值，随后以股利折现模型的估值结果与其比较。

首先，我们应根据前述预测的财务数据，计算企业的自由现金流信息，计算结果如表 2 – 15 所示。

表 2 – 15　自由现金流测算结果　　　　　　　　　　单位：万元

项　　　目	2018 年	2019 年	2020 年	2021 年	2022 年
公司实体现金流量（FCFF）					
息前税后经营利润	136,649	172,417	217,457	274,172	345,589
加：折旧与摊销	70,103	119,476	153,305	196,222	250,616

续表

项　目	2018 年	2019 年	2020 年	2021 年	2022 年
减：经营营运资本增加	113,980	131,154	177,521	211,166	278,273
经营现金净流量	92,772	160,739	193,242	259,229	317,932
减：资本支出	493,725	338,298	429,167	543,944	0
实体现金流量	-400,953	-177,559	-235,926	-284,715	317,932
股权现金流量（FCFE）					
实体现金流量	-400,953	-177,559	-235,926	-284,715	317,932
减：税后利息支出	21,311	36,300	51,648	71,136	79,013
偿还长期带息债务（新借债务"-"填列）	-128,049	-117,367	-156,328	-188,073	335,362
偿还短期借款（新借债务"-"填列）	-143,491	-167,835	-218,718	-275,472	-238,652
股权现金流量	-150,726	71,342	87,471	107,694	142,210

其次，计算估值的核心参数，即资本成本率（折现率），结果如表 2-16 和表 2-17 所示。

表 2-16　资本成本测算相关参数

估值假设	数值
过渡期年数	0
永续期增长率	8.00%
无风险利率	3.11%
市场组合报酬率	9.75%
有效税率	15.50%
过渡期增长率	0.00%
β 系数	1.28

表 2-17　资本成本估算结果

项　目	2018 年	2019 年	2020 年	2021 年	2022 年
β 系数	1.28	1.28	1.28	1.28	1.28
债务资本成本率（Kd）	4.70%	4.68%	4.67%	4.66%	4.60%
债务资本比重（Wd）	48.13%	55.19%	61.14%	65.74%	61.53%
股权资本成本率（Ke）	11.58%	11.58%	11.58%	11.58%	11.58%
加权平均资本成本率（WACC）	7.92%	7.37%	6.91%	6.56%	6.84%
股权资本成本现值系数	0.936,9	0.839,7	0.752,6	0.674,5	0.604,5
加权平均资本成本现值系数	0.955,7	0.890,1	0.832,6	0.781,3	0.731,3

基于自由现金流模型的估值结果如表2-18和表2-19所示。其中表2-18为未考虑融资结构条件下的以公司为立场的自由现金估值，从结果看，由于公司在预测期持续扩大投资，导致自由现金流为负，因而估值为负；表2-19为股东立场的自由现金流估值，体现了资本结构的影响，从结果可以看出，由于公司新增投资基本都是以负债方式解决资金来源，因而从股东角度看，其自由现金流为正。

表2-18 自由现金流估值结果

项目	2018-5-28（估值基准日）	2018-12-31	2019-12-31	2020-12-31	2021-12-31	2022-12-31
FCFF/万元		-400,953	-177,559	-235,926	-284,715	317,932
WACC/%		7.92	7.37	6.91	6.56	6.84
现值系数		0.955,7	0.890,1	0.832,6	0.781,3	0.731,3
FCFF现值/万元	-727,625	-383,197	-158,047	-196,422	-222,455	232,496
永续价值的现值/万元	-21,723,871					
公司价值/万元	-22,451,496					
加：非核心资产/万元	12,239					
减：带息债务/万元	362,115					
减：少数股东权益/万元	40,057					
股权价值/万元	-22,841,429					
除：总股本/万股	211,702.99					
每股价值/元	-107.89					

表2-19 股东自由现金流估值结果

项目	2018-5-28（估值基准日）	2018-12-31	2019-12-31	2020-12-31	2021-12-31	2022-12-31
FCFE/万元		-150,726	71,342	87,471	107,694	142,210
Ke/%		11.58	11.58	11.58	11.58	11.58
现值系数		0.936,9	0.839,7	0.752,6	0.674,5	0.604,5
FCFE现值/万元	143,111	-141,220	59,906	65,828	72,636	85,962
永续价值现值/万元	2,593,753					
总股权价值/万元	2,736,864					
减：少数股东权益/万元	40,057					
股权价值/万元	2,696,807					
除：总股本/万股	211,703					
每股价值/元	12.74					

作为对照,我们也使用股利折现模型对其进行估值,结果如表 2-20 所示,与前述股东自由现金流估值结果接近。

表 2-20 股利折现模型估值结果

项 目	2018 年（估值基准日）	2018-12-31	2019-12-31	2020-12-31	2021-12-31	2022-12-31
股利/万元		63,541	74,828	90,958	111,180	145,696
Ke/%		11.58	11.58	11.58	11.58	11.58
现值系数		0.936,9	0.839,7	0.752,6	0.674,5	0.604,5
股利现值/万元	353,875	59,533	62,834	68,452	74,987	88,069
永续价值（残值）现值/万元	2,657,340					
股利现值合计/万元	3,011,216					
除：总股本/万股	211,702.99					
每股价值/元	14.22					

第三章
战略层面的资产结构与公司价值
——多元化战略问题

一、多元化或专业化问题

企业战略是指对企业有全局性、长期性影响的目标和行动。美国哈佛大学教授波特认为"战略是公司为之奋斗的一些终点与公司为达到它们而寻求的途径的结合物"。因而战略层的资产结构代表的是企业投资战略问题,从结构视角看,最突出的问题就是指多元化投资还是专业化投资问题。

(一) 多元化与专业化的价值争议

多元化经营还是专业化经营是企业的一项重大战略决策,因而也构成了企业财务投资战略的基本问题。该问题不仅在实践中存在不同认识,也理论上也存在一些争议。相对于专业化经营,多元化经营既增加了企业的成本,也为企业带来了收益,成本与收益的权衡与决策者偏好、企业特质、产业和经济环境多种因素有关,因而对公司价值的影响尚未形成一致认识。

一类观点认为,多元化投资战略将损害公司价值,即多元化折价问题,这类观点获得的支持较多。研究视角各不相同:有公司治理视角的研究,认为多元化投资导致更高的代理成本,使得企业效率更低,从而损害公司价值;也有内部资本市场效率角度的研究,认为内部融资配置不如外部融资配置效率高,不当的内部资本配置导致了横向补偿(Cross – subsidization)现象的产生,即较好业务单元的资金被用于较差业务单元的投资支出。

另一类观点则认为存在多元化溢价,即企业多元化投资能为企业创造额外价值。多元化溢价观点主要流行于20世纪六七十年代,溢价机理也有不同视角的理论观点。例如:适度多元化经营公司的生产率更高,不相关多元化企业的赢利能力显著地低于相关多元化的企业(Rumelt, 1974)。多元化投资可以通过"多钱效应"(More – money Effect) 和"活钱效应"(Smarter – money Effect) 创造价值(Lewellen, 1971; Stein, 2003)。也有从现金流视角的研究,例如,Lewellen (1971) 指出多元化企业中若不同业务单元的现金流量相关度较小,则相互间能够产生协保效应（Coinsurance Effect），从而降低企业风险，提高负债能力，增加公司价值。21世纪以来，学者们重新质疑前述多元化折价观点，主要是从实证方法角度上进行质疑。例如 Whited（2001）、Graham 等（2002）、Villalonga（2004）等的研究，他们指出之前多元化折价的实证研究忽略了企业财务报告时对不同业务归类的灵活性，对多元化企业的 Tobin's Q 值计算也存在不妥之处。

近年来，学者们对于多元化抑或专业化与公司价值的关系更关注价值效应如何随企业经营环境而改变。例如廉永辉和张琳（2015）实证考察了企业经营环境恶化、企业产权性质与多元化投资价值效应之间的关系，发现在经营困境的外部冲击环境中，民营多元化企业能够通过提高内部资本市场效率而降低多元化折价程度。杨兴全、尹兴强和孟庆玺（2018）基于2002—2017年A股上市公司样本数据并使用双重差分模型研究发现，政府的产业扶持政策导致非扶持企业通过多元化进入相关扶持产业，从而减少自身的资源受限。邓可斌和丁重（2010）基于2000—2006年中国上市公司面板数据的研究表明，企业多元化战略与资本结构存在互动关系。这些文献多是基于大样本的实证研究来探讨企业多元化投资战略利弊问题，本文则通过案例分析对其内在过程进行探析。

另外，以往研究并未直接讨论多元化的反面——专业化的优势，虽然多元化折价观意味着专业化具备某种优势，但并未直接对其进行讨论。甚至在讨论核心要素的内部资本市场时，直接将内部资本市场定义为资金在多元化企业内部不同产业部门之间的流转，以为专业化企业只相当于单体结构和不存在内部资本市场（Weston，1970）；但现实中，近年来通过专业化产业战略进行资金调配和资本重置的大型企业日渐增加，专业化企业集团内部的资本市场也具有十分重要的作用（王化成和曾雪云，2012）。因此，本文基于案例分析，将有助于为多元化影响公司价值提供一些细节观察。

（二）多元化与专业化战略选择影响公司价值的案例分析——基于格力电器

1. 案例公司简介

1）公司概况

格力电器全称为珠海格力电器股份有限公司，于1989年12月成立，1996年11月上市。母公司是珠海格力集团有限公司，最终控制人是珠海市国有资产监督管理委员会。公司股本为 6,015,730,878 元，依据2018年三季报，十大股东分别为：珠海格力集团有限公司、河北京海担保投资有限公司、香港中央结算有限公司（陆股通）、中国证券金融股份有限公司、前海人寿保险股份有限公司–海利年年、中央汇金资产管理有限责任公司、中国人寿保险股份有限公司、董明珠，十大股东合计持股 44.86%，其中第一大股东持股 18.22%，董明珠持股

0.74%。2008年8月，格力电器连续第三年入选美国《福布斯》"中国顶尖企业百强"榜，名列第16位，连续第八年入选美国《财富》"中国上市公司百强"排行榜第50位；2010年，格力电器先后荣膺"中国上市公司最具竞争力100强""2010年中国上市公司最佳董事会"等称号。

格力电器主要从事空调器及其配件和生活电器及其配件的生产及销售，产品远销160多个国家和地区。公司拥有国家重点实验室、国家工程技术研究中心、国家级工业设计中心、国家认定企业技术中心、机器人工程技术研发中心各1个。2013年起，公司相继进军智能装备、通信设备、模具等领域。所属证监会行业分类为：制造业—电气机械及器材制造业—电气机械及器材制造业—电气机械及器材制造业，所属Wind行业分类为：可选消费—耐用消费品与服装—家庭耐用消费品—家用电器。公司是一个以家用电器为主业的轻微多元化企业，主营业务（2018年三季报）包括：空调占比82.26%，小家电占比1.53%，智能装备占比1.42%，其他业务占比14.79%。

珠海格力集团有限公司目前是珠海市规模最大的企业集团之一，公司业务涉及家用电器、建筑安装和其他业务三大板块，依据2017年财务数据，三大板块业务比例分别为98.8%、0.85%和0.35%。格力电器在集团的众多资产中属于绝对主体地位。

2）多元化拓展

格力电器主业突出，是专业化发展的典型，如图3-1所示，从上市之初到2006年，公司业务几乎全部集中于空调的生产销售，公司战略上也明确将空调业务做细做精。从2004年始，公司开始向小家电等非空调业务拓展，即相关多元化拓展，先后设立了珠海格力小家电有限公司、佛山市顺德区格力小家电有限公司、中山格力小家电有限公司等。从2005年始向模具、电容等领域拓展，即沿产业链的纵向多元化，先后设立了珠海格力新元电子有限公司、珠海凌达压缩机有限公司、珠海格力电工有限公司等。从2007年始则向其他关联度小的业务领域拓展，即非关联多元化，如金融、信息技术、食品生产、媒体传播和二次资源循环利用、智能装备等，先后设立了珠海达盛股份有限公司、珠海格力集团财务有限责任公司、北京格力科技有限公司、马鞍山绿色再生资源有限公司、合肥格力绿色再生资源有限公司、湖南绿色再生资源有限公司、瞭望全媒体传播有限公司、珠海大松生活电器有限公司、松原粮食集团有限公司、石家庄格力电器小家电有限公司、珠海艾维普信息技术有限公司、珠海横琴格力商业保理有限公司、格力智能装备（武汉）有限公司、珠海格力智能装备技术研究院有限公司、珠海格力智能装备有限公司、珠海格力数控机床研究院有限公司、珠海格力信息科技有限公司、格力机器人（洛阳）有限公司、珠海格力机器人有限公司等。

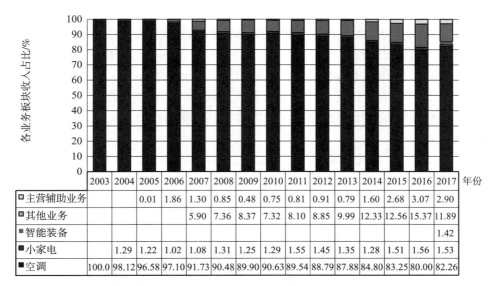

图 3-1 格力电器业务结构

2. 多元化拓展是否提升了公司价值

1) 新业务的增长与盈利性分析

格力电器对新业务的拓展均获得了较明显的增长,如图 3-2 所示,其中小家电业务年均增长 24%,主营辅助业务年均增长 33%,其他业务年均增长 25%。与此同时,其核心业务空调的生产销售也有明显增长,年均增长率为 21%。

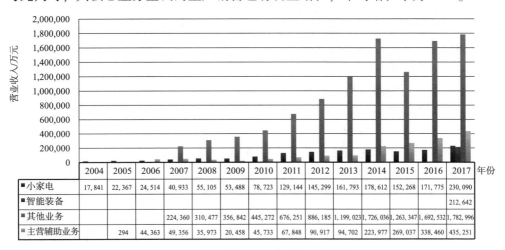

图 3-2 格力电器新业务营业收入增长情况

新业务的增长是否给公司带来了更多价值?首先比较几类业务的盈利能力,如图 3-3 所示。图中曲线是公司主业——空调的毛利率,在图示期间的

2003 年到 2017 年，最低为 17.57%，最高为 39.80%。以主业的毛利率为参照，其他新业务板块的毛利率多数年份都低于主业；其中，小家电板块的毛利率基本在 20% 左右，在 2007 至 2011 年甚至有明显下降；主营辅助业务除首年毛利率较高外，其他年份都较低，有些年份甚至低于 10%；而其他业务的毛利率也多在 20% 左右。因而，从数字上看，公司的多元化拓展似乎并未对公司价值提升有明显贡献，因为主业仍在较快增长，而新拓展业务的毛利率并不高于原来的主业。

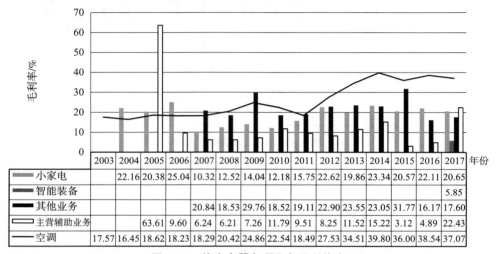

图 3-3　格力电器各项业务盈利能力

2）新业务是否支撑了主业增长

格力电器的多元化是坚守空调专业化经营基础上的多元化，虽然已进行了十余年的多元化拓展，但是非空调主业的比重也只占到 17.74%，而且其中有一部分业务是空调主业产业链上的纵向拓展。上面盈利数字分析不支持多元化对公司价值正面贡献的判断，那是否存在多元化拓展增强了企业主业竞争力的可能？如果存在这种协同效应，则表明企业的轻微多元化战略有利于提升公司价值，在理论上支持了 Rumelt（1974）的观点。

格力电器的多元化包括三个方向的多元化拓展。其一是向小家电领域拓展的相关多元化。小家电的设计、制造虽明显不同于空调，但其与主业的关联能够共享家电销售网络和品牌影响，这种资源共享能够降低新业务拓展的成本和风险。其二是向模具、电容、智能装备等产业链延伸的纵向多元化。纵向多元化可能发挥经济学上的"内部化优势"，即降低对上游零部件外购的价格、质量等方面的不确定性风险，也可增加对下游销售的管控能力。其中对智能装备的拓展涉及数控机床、机器人、工厂自动化、热交换器设备、新能源设备、注塑钣金设备、物流仓储设备、检测设备、精密传动部件、工业信息化等，这些领域对企业制造技术水平和效率提升可能带来积极影响，但进入时间相对较短，其作用可能尚无法显现。其三是向金融、媒体、保理、资源再生、粮食等无明显关联性业务领域的多元化,这类多元化对主业的支撑不明确。

其中,对主业可能产生支撑的主要是第二方向上的多元化,为此我们选择了其中的珠海格力电工、珠海凯邦电机、珠海凌达压缩机三个子公司进行分析。三者在2004年和2007年分别进入案例公司旗下。珠海格力电工从事电工、机电、电子行业所需的初级和中级产品生产;珠海凌达压缩机生产和销售电冰箱压缩机、空调压缩机、除湿机压缩机、真空泵、小型空调机、金属冲压件、压缩机来料加工,批发规定的内销产品,设立制冷产品维修服务中心;珠海凯邦电机从事电气机械的开发、生产、销售。三个子公司的产品均直接服务于空调器的生产,除部分对外销售外,主要服务于母公司。

在市场上,格力空调具有相对领先的竞争力,财务上表现为毛利率较高。毛利率高的原因一方面是格力空调定价较高,另一方面是格力电器成本控制较好,如表3-1所示。

表 3-1　空调价格与成本对比　　　　　　　　单位:元/台

项目	2012年	2013年	2014年	2015年	2016年	平均值
格力空调售价	2,367	2,725	3,005	2,313	2,444	2,571
美的空调售价	2,127	2,317	2,503	2,378	2,763	2,418
海尔空调售价	1,984	2,110	2,131	2,156	2,435	2,163
格力空调成本	1,715	1,785	1,809	1,480	1,502	1,658
美的空调成本	1,612	1,749	1,828	1,706	1,919	1,763
海尔空调成本	1,442	1,509	1,484	1,547	1,649	1,526

如图3-4所示,产业链上多元化形成的三个代表性子公司的营业收入不断增长,同期企业总体的变动成本率也不断下降。成本下降的原因除企业加强成本过程管理等因素外,沿产业链拓展所带来的内部化优势也是重要因素,即通过向上游零部件制造拓展,使产品整体成本和质量更可控。

3)与同行多元化企业的对比

在家电行业中,青岛海尔是一个与格力电器业务相近、规模相当但经营战略有明显差异的公司。青岛海尔早期也以空调生产销售为主,但后来逐步在家电领域全面开花,产业多元化程度不断提高。如表3-2所示,青岛海尔的多元化程度明显高于格力电器,它不仅涉足白色家电,还包括厨卫电器、小电器和装备部品等。在白色家电中既包括空调,也包括冰箱、冰柜、洗衣机等,空调占比从2005年的46.44%(2003年为51.3%)下降到18.05%,已无法体现明显的主业。

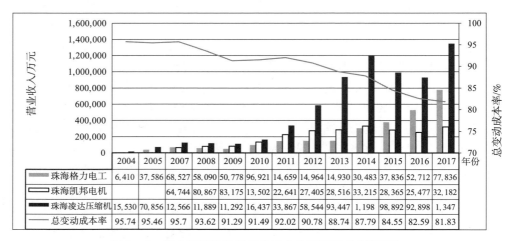

图 3-4 格力电器纵向多元化与企业总变动成本率对比

表 3-2 青岛海尔的业务结构   单位:%

项目	2005年	2006年	2007年	2008年	2009年	2010年	2011年	2012年	2013年	2014年	2015年	2016年	2017年
电冰箱	33.56	37.25	39.41	43.50	49.08	37.65	34.00	31.52	29.29	27.79	30.74	30.45	29.58
空调	46.44	36.56	35.26	31.73	26.34	18.51	16.43	18.49	20.73	22.54	18.11	15.69	18.05
洗衣机						19.04	16.58	16.62	16.39	17.20	19.47	19.72	19.40
厨卫电器										7.25	7.38	15.97	17.93
热水器						5.16	5.20	5.62	5.03				
装备部品							11.28	8.98	6.73	4.92	2.02	2.17	1.90
小家电	4.50	3.70	3.26	3.23	2.65	2.13	2.36	2.12	1.94				
电冰柜	7.75	8.76	7.17	7.60	8.23								
渠道综合服务							13.23	15.77	18.85	19.66	21.64	15.54	12.80
其他业务			2.48	1.75	1.84	1.24	0.92	0.88	1.04	0.64	0.64	0.46	0.34
其他主营业务	7.75	13.73	12.42	12.19	11.86	15.49							

将格力电器与青岛海尔对比,海尔更高程度的多元化是否为其带来了更高竞争力和公司价值? 从表3-3可以看出,青岛海尔与格力电器的毛利率较为接近,在有些年份甚至超过格力电器,因而可以大体认为,当初作为青岛海尔主业的空调生产销售具有与格力电器相当的竞争潜力,在逐步加大多元化后,多元化并没有带来青岛海尔营业收入的超常增长,也没有带来盈利指标的显著提升。由此,我们认为过度的多元化会导致折价。

表 3-3　格力电器与青岛海尔收入增长、盈利指标对比　　单位:%

项目	2005年	2006年	2007年	2008年	2009年	2010年	2011年	2012年	2013年	2014年	2015年	2016年	2017年
格力电器													
营业收入同比增长率	31.92	44.18	44.33	10.58	1.01	42.33	37.60	19.43	19.44	16.12	-29.04	10.80	36.92
净资产收益率（ROE）	18.72	20.18	22.56	26.79	29.22	32.14	29.74	27.59	31.43	32.06	26.37	28.63	34.15
资产收益率（ROA）	4.88	5.59	6.41	8.36	8.00	8.06	8.00	8.56	10.18	10.85	8.95	10.09	12.70
资本回报率（ROIC）	10.05	15.47	23.41	26.48	26.43	24.44	22.25	22.91	27.00	27.64	21.17	23.23	27.98
销售毛利率	18.49	18.26	18.13	19.74	24.73	21.55	18.07	26.29	32.24	36.10	32.46	32.70	32.86
青岛海尔													
营业收入同比增长率	7.91	40.61	26.94	3.19	8.46	35.57	13.86	8.13	8.30	2.51	-7.41	32.59	33.68
净资产收益率（ROE）	4.27	5.43	10.20	11.34	14.89	28.98	32.26	29.38	28.81	22.86	18.95	19.10	21.50
资产收益率（ROA）	4.64	9.71	8.38	9.63	11.40	15.51	12.45	11.87	11.81	11.23	8.70	8.35	8.10
资本回报率（ROIC）	4.00	9.96	10.70	12.74	15.95	28.82	29.93	27.81	27.57	23.59	16.48	12.86	12.52
销售毛利率	11.76	16.08	19.01	23.13	26.43	23.38	23.62	25.24	25.32	27.52	27.96	31.02	31.00

二、企业金融化问题

（一）企业金融化动因及其价值影响的双重性

1. 企业金融化的含义

企业金融化是指企业金融资产比例不断增长的现象，它是企业战略层面资产多元化的一种特例。

企业金融化现象被认为是经济体金融深化背景下的一种普遍趋势，甚至一些以实业为主的知名企业在这种趋势下也会表现出明显的资产结构变化。例如，美国通用（GE）公司拥有规模庞大的金融资产部门，并且频繁使用回购方式提升公司利润（Orhangazi，2008；Davis，2016）。企业金融化现象与宏观经济发展趋势和金融市场条件有关，如金融市场收益率提高影响企业在短期内提升市值的动机，从而刺激企业使用金融资产达到盈利目标。在一个经济体中，资本从实体部门流向金融部门，在实质上构成了金融投资"挤出"实体投资的态势，越来多的证据倾向于支持实体投资与金融投资之间存在竞争效应。

按照会计标准，企业可持有的金融资产有多种类型，因此企业金融化可以有多种表现形式。我国《企业会计准则第22号——金融工具的确认与计量》中明确"金融资产是指企业持有的现金、其他方式的权益工具以及符合一系列金融交易特征之一的资产"，金融资产的分类为"以摊余成本计量的金融资产""以公允价值计量且其变动计入其他综合收益的金融资产"和"以公允价值计量且其变动计入当期损益的金融资产"三类。由于有一些金融资产可以将当期价值变动计入当期收益，还有一些则不能，这使得公司在投资金融资产时，既可能有单纯的投资获利动机，也存在盈余管理的考虑（徐经长和曾雪云，2013）。企业金融化在会计上除了体现在上述三类金融工具中，还很有可能体现在长期股权投资中，即参控股金融企业或通过参控股公司进行金融工具投资，该些资产在报表上都体现为长期股权投资。已有证据表明，企业的参控股公司数量、规模显著地促进了企业的委托贷款、委托理财等类型金融工具投资增长，而且股权关联显著降低了委托贷款利率（钱雪松等，2013）。概而言之，企业金融化反映的是非金融企业较多地投资于金融资产（会计上体现为金融工具投资或指向金融企业或金融工具的长期股权投资）的现象。

企业金融化既受到企业治理因素影响，也可能是资本市场盈利压力的结果。Matsumoto（2002）的研究显示，企业投资决策者受到资本市场分析师预测的影响，为了避免企业盈利低于预测水平，会采用计划外的投资活动来实现这个目的。资本市场的预测实质上构成了对上市公司的外部盈利压力，将促使经理人采取行动，谋求来自金融资产投资的收益。Zhang and Gimeno（2010）针对美国电子产业企业的研究显示，具有市场竞争优势的企业为了避免低于市场预期，对实体投资的决策将变得保守。这种外部压力在客观上仍然造成了金融资产投资对实体投资的挤压。

2. 企业金融化的价值影响

不少研究发现，企业金融资产份额的增长会促使企业主动或者被动地降低主营业务投资，尤其是降低净现值为正的主营业务投资，形成了"脱实向虚"的效应（Demir，2009）。

企业层面上，金融资产投资对实体投资的替代效应构成了企业金融化的重要特征。例如谢家智等（2014）的实证研究展示了中国上市公司对金融资产的持有显著降低了创新投资；余琰和李怡宗（2016）的实证研究结果显示，企业从事高息理财产品的投资行为显著地降低了未来经营收益率，同时显著升高了营业外收益率。Orhangazi（2008）和Demir（2009）研究了金融投资收益率对实体投资的负面影响，展示了美国与三个发展中国家的企业金融化对实体投资的挤出效应；张成思和张步昙（2016）对中国上市公司的实证结果也显示，金融资产收益率的提高和实体投资收益率的下降将最终导致实体投资率的下降。

企业金融化对公司价值的影响不仅通过金融投资与实体投资的竞争关系发挥作用，它还在企业多元化研究框架下，通过多元化折现（内部资本市场效率）的渠道发挥作用。例如，Baud 和 Durand（2012）针对美国零售商的分析显示，企业采用全球战略导致实体收益下降和金融性收益提升，这在一定程度上体现了投资多元化程度与企业金融化程度的关系。Rajan 等（2000）、Maksimovic 和 Phillips（2002）的实证表明企业分散于不同产业的股权投资可能带来整体投资效率的下降；如果企业持有金融机构的股权，企业的投资效率还将进一步降低（李维安和马超，2014）。还有一些文献认为，当企业集团中母公司持有金融机构股份或者控股金融机构时，企业能够更便利地持有与交易金融资产，会导致管理层更便利地实现私利。Laeven and Levine（2007）的研究指出，管理层在带有金融机构的企业集团中获得更多的私人利益，因此这种多元化带来了一定的公司价值下降。

（二）金融化影响公司价值的案例分析——基于辽宁成大

1. 案例公司简介

辽宁成大全称为辽宁成大股份有限公司，注册地为辽宁省大连市，它是在改组具有 40 多年经营历史的国有外贸专业公司辽宁省针棉毛织品进出口公司的基础上成立的股份有限公司，最终控制人为辽宁省国有资产监督管理委员会。公司于 1993 年 6 月经辽宁省批准以定向募集方式设立，1996 年 8 月 6 日，首次公开发行 12,000,000 股，并于同年 8 月 19 日在上海证券交易所挂牌上市交易。公司最初经营范围是自营和代理货物及技术进出口，后逐步扩展到开展境外工程和境内国际工程招标、农副产品收购、化肥连锁经营、中草药种植、房屋租赁、仓储服务、煤炭批发经营。公司是中国进出口额最大的 500 家企业之一，内设亚洲、欧洲、美洲、成信等七个分公司和成大医药、成大丝绸、成大广润、成大嘉润等子公司。截至 2018 年 12 月 31 日，公司有 11 家直接控股子公司和 28 家间接控股子公司、4 家直接持股的联营企业及 1 家间接持股的联营企业。集团总体上业务分为国际贸易、医药连锁、商业投资、金融投资四大业务领域。

公司近年的主要财务数据如表 3-4 所示。

表 3-4　辽宁成大近年主要财务数据　　　　　单位：万元

项　目	2013 年	2014 年	2015 年	2016 年	2017 年	2017 年
流动资产合计	492,514	452,393	767,753	566,427	572,140	630,934
可供出售金融资产		8,949	22,929	29,736	27,807	28,382
长期应收款	60	40	20			
长期股权投资	756,265	850,697	1,273,267	2,160,944	2,210,901	2,283,495
投资性房地产	12,477	10,339	9,920	9,500	9,291	9,081

续表

项目	2013 年	2014 年	2015 年	2016 年	2017 年	2017 年
非流动资产合计	1,296,598	1,575,744	1,893,499	2,758,804	2,817,413	2,920,645
资产总计	1,789,112	2,028,137	2,661,252	3,325,231	3,389,554	3,551,579
营业总收入	1,033,385	923,856	914,000	874,971	639,643	1,399,883
营业总成本	1,010,507	926,781	966,008	894,987	656,187	1,419,541
其他经营收益	90,628	104,912	209,443	159,828	123,963	205,505
公允价值变动净收益	81	71	608	-1,070	392	470
投资净收益	90,547	104,841	208,835	160,898	123,572	205,035
其中：对联营企业和合营企业的投资收益	60,413	103,387	207,867	150,234	122,893	162,680
营业利润	113,506	101,987	157,434	139,812	108,529	188,262
加：营业外收入	4,702	4,459	8,011	2,620	134	195
减：营业外支出	4,299	1,103	106,151	20,386	17,047	26,307
其中：非流动资产处置净损失	4,124	57	2,430	100	3	
利润总额	113,909	105,343	59,294	122,046	91,616	162,150
净利润	98,927	96,501	47,425	106,955	86,030	148,903
加：其他综合收益	-6,825	22,993	14,984	-8,306	10,660	3,666
综合收益总额	92,102	119,494	62,409	98,649	96,690	152,569

2. 公司的金融化拓展

辽宁成大的传统业务是国际贸易，上市后不久公司就进行了业务的多元化拓展。1999 年 3 月 8 日公司召开二届八次董事会，审议并通过了受让由辽宁成大集团有限公司持有的广发证券有限责任公司 24.66% 股权的决议。交易完成后，公司成为广发证券的第二大股东。同年 11 月，广发证券增资扩股，辽宁成大持有股份增至 32,000 万股，占广发证券总股本的 20%，为广发证券的第一大股东。公司后来通过受让辽宁外贸物业发展公司所持广发证券 25,383,095 股（占总股本 1.27%）的股权、辽宁万恒集团有限公司经司法拍卖程序取得的原浙江信联股份有限公司持有的广发证券 86,236,500 股（占总股本 4.31%）的股权、广东新会美达锦纶股份有限公司持有的广发证券 34,494,600 股（占总股本 1.72%）的股权后，共计持有广发证券 546,114,195 股（占总股本的 27.30%）。截至 2015 年年底，公司维持广发证券第一大股东地位。2016 年广发证券原第二大股东吉林敖东药业集团股份有限公司（原持有 1,244,652,926 股，占总股本比例为

16.33%）通过市场增持等方式，一跃升为公司第一大股东，而辽宁成大成为第二大股东。

公司通过投资广发证券，实现了向金融领域的拓展，资产结构由此产生重大变化。如图3-5所示，1999年后，长期股权投资价值占企业总资产的比重接近40%，在2007年和2016年还进一步上升，2016年至2019年一直超过60%。按该标准看，辽宁成大已经转变为一个高度金融化的公司。

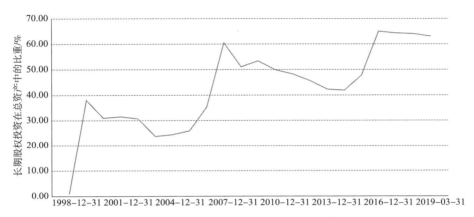

图3-5　辽宁成大长期股权投资在总资产中的比重变化

从利润贡献看，来自投资收益尤其是联营企业投资（主要是对广发证券的投资）的收益占到了企业全部收益的主要部分。如图3-6所示，在2013年投资净收益与营业利润之比达到80%，2014年以后投资净收益甚至超过营业利润。2017年度，辽宁成大对联营和合营企业的投资收益达16.21亿元，同比增加23.9%，

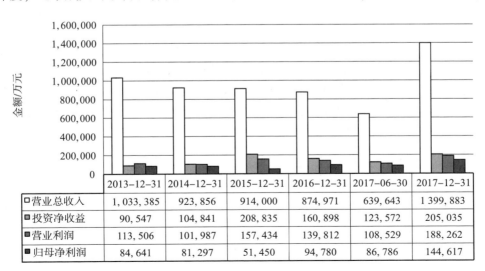

	2013-12-31	2014-12-31	2015-12-31	2016-12-31	2017-06-30	2017-12-31
营业总收入	1,033,385	923,856	914,000	874,971	639,643	1,399,883
投资净收益	90,547	104,841	208,835	160,898	123,572	205,035
营业利润	113,506	101,987	157,434	139,812	108,529	188,262
归母净利润	84,641	81,297	51,450	94,780	86,786	144,617

图3-6　辽宁成大股权投资对业绩的影响

所持股广发证券前三季度业绩增长约 3%，中华联合财险业绩有所下滑，但证券+保险依旧是辽宁成大盈利的主要贡献来源。公司其他几大业务板块，传统大宗商品贸易业务扭亏为盈，景气度有所上升，但盈利贡献仍然较少，能源资产逐步出清。

从本案例情况看，辽宁成大向金融业务拓展，一方面为公司贡献了稳定的收益，对稳定股价、提升公司价值起到了积极作用；另一方面，却使公司过于依赖外部投资收益，主业发展受到不利影响。贸易板块作为公司传统主业（营收占比在 80% 以上），无论是国内贸易还是进出口贸易，均无明显绩效改善，表现在营业收入有不少年份出现下降，毛利率较低，且在趋势上表现为一种波动下降趋势，如表 3-5 所示。主业业绩不佳虽然与行业景气度有关，但与公司对主业重视和投资改善程度不够也有一定关系。

表 3-5 辽宁成大主业增长情况　　　　　　　单位：%

项目	2009 年	2010 年	2011 年	2012 年	2013 年	2014 年	2015 年	2016 年	2017 年
商品流通									
收入同比增长率	-24.14	32.25	121.52	7.97	2.50	-13.55	-0.86	-17.08	87.35
毛利增长率	6.63	-0.53	-4.34	0.72	0.85	1.54	0.76	2.53	-5.49
进出口贸易									
收入同比增长率	-28.53	4.01	22.20	-5.30	-8.87	-0.19	8.45	62.05	3.31
毛利增长率	-6.58	-0.04	-1.09	1.49	-0.87	2.52	0.30	-4.05	-0.68
生物制药									
收入同比增长率	34.02	94.44	29.39	-9.72	-13.35	10.10	0.68	9.14	23.93
毛利增长率	-3.32	1.22	-0.40	2.47	-4.47	-2.10	1.43	0.60	1.80

金融化对实业公司来说，通常是无关多元化。真正能够提升企业核心竞争力的对外投资应当服务于企业核心竞争力，除了能产生财务贡献，还能在技术、管理或市场等方面对企业作出贡献。相反，如果企业的对外投资与自身核心竞争能力不相一致，此时投资项目的业绩可能仅产生财务上的贡献，难以为提升公司核心竞争力提供帮助。

第四章
业务层面的资产结构与公司价值
——轻资产与重资产问题

一、业务层资产结构影响公司价值的原理

业务层资产结构决策问题的核心是轻资产策略还是重资产策略的选择,而轻、重资产策略选择在理论上与企业经营杠杆相关联。

(一) 经营杠杆

经营杠杆是衡量企业经营风险大小的重要标志。根据成本习性原理,在一定的业务量(产销量)范围内,业务量的增加(或减少)并不会改变其固定成本总额,但会使单位固定成本降低(或上升),从而提高(或降低)单位产品利润,进而使利润的变动幅度大于销售的变动幅度,这种现象称为经营杠杆。

常用的计算经营杠杆的公式如下所示:

1)使用两期数据的计算公式

$$DOL = 息税前利润变动率/产销量变动率$$
$$= (\Delta EBIT/EBIT)/(\Delta Q/Q)$$

式中:DOL 代表当期的经营杠杆系数,$\Delta EBIT$ 是当期息税前利润变动额,ΔQ 为当期产销量变动值,EBIT 是基期息税前利润,Q 为基期产销量。

在价格基本稳定的情况下,也可以销售收入替代产销量,即:

$$DOL = (\Delta EBIT/EBIT)/(\Delta S/S)$$

式中:ΔS 为当期销售收入变动值。

2)使用基期数据的计算公式

$$经营杠杆系数(DOL) = (息税前利润 + 固定成本)/息税前利润$$
$$= (EBIT + F)/EBIT$$
$$= M/(M - F)$$

式中:F 为固定成本,M 为业务边际贡献,即销售收入减去变动成本部分。

该公式的优点是它可依据基期数据推断预测期的杠杆系数,因而具有一定的预测价值。由该公式的推导过程可知,使用基期数据预测当期经营杠杆须具备一

些先决条件，即单位变动成本和单价基本不变。

（二）经营杠杆、经营风险与资产结构

经营杠杆反映的是成本、销售量和利润三者之间的关系，固定成本总额在短期内或一定业务量范围内固定不变是经营杠杆发挥作用的基本原理。在企业的全部成本中，固定成本越大，销售量变动所引起的利润变动幅度也就越大，经营杠杆就越大。而固定成本通常是一种沉没成本，固定成本越大就意味着沉没成本越大，即经营风险越大，这也就是经营杠杆能够反映企业经营风险的原因。在假设价格、单位变动成本和固定成本总额不变的情况下，经营杠杆系数越大，可以认为经营风险就越大。由于企业固定成本的存在，当企业产销规模增加时，每单位产品分担的固定成本下降，毛利增加，形成正的杠杆效应。同样地，当企业产销规模下降时，杠杆作用同样存在，此时表现为利润以比收入更快的速度下降，这是企业经营者不愿意看到的情形。

与那些低经营杠杆的企业相比，拥有高经营杠杆的企业通常会经历更大的 ROA 波动。经营杠杆水平是观察企业经营风险的一个良好窗口。图 4-1 直观地展示了固定资产比重与经营杠杆的关系。图中每个点代表一家样本公司，横轴表示固定资产在总资产中的占比（它决定企业的经营杠杆水平），越靠左侧，表示固定资产在总资产中的占比越低，此时业务量波动带来的业绩波动相对较小（表现为图中左侧点较集中于 0 轴附近）。图中右侧则相反，点偏离 0 轴的离散程度明显较高，体现了业务量向下或向上的波动带来的业绩波动程度明显较高。

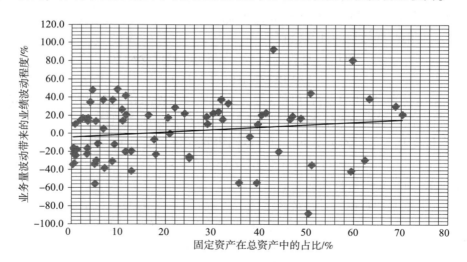

图 4-1　上市公司经营杠杆的一般效应

注：基于营业规模显著变化（2017 年对比 2016 年）的 71 家上市公司样本。

当然，经营杠杆并不能反映全部经营风险要素，它侧重的是从企业资产结构

（固定资产比重）角度，以特定资产结构承受收入波动时盈利的变动程度来反映经营风险，而对于收入波动的原因（如价格下降、产品技术落后等）并没有直接反映。

经营杠杆对经营风险的反映主要还是在资产结构方面。一个企业开展经营，在选定业务线路的情况下，要对资产结构进行配置。资产结构的基本方面是固定资产与流动资产的搭配，它直接影响到企业经营成本中固定成本与变动成本的关系，影响到盈亏平衡点。资产结构在不同行业间有很大差异，例如公用事业、通信、酒店、石油化工等是资本密集型行业，固定资产比重通常较高，而批发零售业、各类服务行业的固定资产比重则较低。

即使在同一行业内部，不同企业也会存在资产结构的差异，这是企业决策的结果。近年，不少企业实施轻资产战略，甚至一些房地产企业等传统的重资产行业也在向轻资产转型，认为轻资产战略为企业提供了更好的财务柔性。例如，万科于2014年3月正式对外宣布了轻资产战略，其战略的核心内容是实行"小股操盘"，即在进行项目开发时，减少有形资产投入，通过输出品牌与管理，与第三方股东合作实现项目开发。合作中万科持股但不控股，持股比例很小，甚至有的项目持股比例不到十分之一，但万科对开发项目具有决策控制权。

（三）资产结构与公司价值

有研究认为实施轻资产战略的企业，其运营效率更高，盈利能力更强（Lin和Huang, 2011）。Sohnat 和Tang（2013）研究了美国酒店连锁企业的运营情况，认为轻资产和授权经营战略能够为企业创造价值，同时有助于提高公司的盈利能力，并减小了企业的盈利波动性。他们还认为资本市场更倾向投资于轻资产运营的企业，拥有较低的固定资产比重能够降低运营风险并提高公司价值。

但也存在不同观点。王智波和李长洪（2015）将重资产定义为固定资产，将固定资产在总资产中的比重、销售费用在营业收入中的比重作升序排列，两项指标分别位于行业前5%和后5%（替代标准是前10%和后10%）的企业定义为轻资产运营模式。然后通过使用1999—2007年中国工业企业数据库进行回归分析，结果表明轻资产运营并没有提高企业的销售净利润率和净资产收益率，意味着轻资产战略不存在价值贡献。并且，他们还指出企业之所以能够实施轻资产战略，是因为其在价值链上积累了独占性资源，这些独占性资源赋予了企业获得超额利润的能力。前文中所述的万科案例，其轻资产战略之所以得到实施，是因为万科已在房地产行业树立了特殊的品牌价值，有众多房企愿意与万科合作开发项目。

实际上，轻资产战略目前还是一个缺乏准确界定的概念。孙黎和朱武祥

(2003)提出,轻资产是一个相对的概念,是相对于厂房、设备、原材料等需要占用大量资金的重资产而言的,轻资产一般指企业的品牌效应、专利技术、人力资源、组织结构管理、客户关系、流程管理、供应链掌控能力、营销能力等占用资金少或周转比较灵活的"无形资产"。

二、经营杠杆影响公司价值的案例分析——基于三一重工

1. 案例公司简介

三一重工全称为三一重工股份有限公司,是经湖南省人民政府批准,由三一重工业集团有限公司依法变更而设立的。公司于2003年6月18日向社会公开发行人民币普通股(A股)60,000,000股,每股发行价15.56元,并于2003年7月3日在上海证券交易所上市交易。第一大股东为三一集团有限公司,持股比例30.18%,法定代表人和实际控制人为梁稳根。

三一重工主业为装备制造,在业内具有一定的竞争优势。公司产品包括混凝土机械、挖掘机械、起重机械、桩工机械、筑路机械、建筑装配式预制结构构件。公司先后三次荣获"国家科技进步奖",两次荣获"国家技术发明奖"。通过自主创新,混凝土泵车三次刷新长臂架泵车世界纪录,高压力混凝土输送泵多次创造单泵垂直泵送世界新高。

依据2018年年报,公司各类业务占比是:挖掘机械34.48%,混凝土机械30.39%,起重机械16.74%,桩工机械类8.4%,路面机械3.82%,其他机械3.5%,其他业务2.66%。

2. 行业波动风险下的杠杆调整策略

2008年全球金融危机后,经济下行,我国政府出台四万亿元的经济刺激方案,拉动了基础设施投资和相关施工机械的需求。到2012年,全球经济复苏仍然乏力,我国对房地产行业的持续调控,国内经济增速和固定资产投资增速均呈现放缓趋势,上游工程机械行业受到较大冲击。2015年,在国内外经济复苏推动力不足的形势下,受固定资产投资特别是房地产投资持续放缓的影响,工程机械行业的市场需求依然较为低迷,行业整体盈利水平低于预期。从图4-2可见,整个工程机械行业产销量2011年至2015年处于持续下滑过程,直到2016年下半年,随着国家宏观调控效果的显现,以及国家"一带一路"倡议效果的显现,挖掘机械、混凝土机械、起重机械、桩工机械才出现较大幅度增长,并且海外收入增长明显,引领行业回暖。

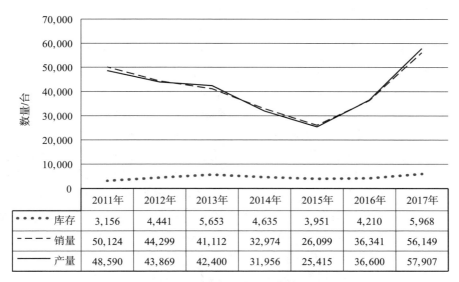

图 4-2 工程机械行业产销量

三一重工作为施工机械领域领先企业，受行业景气影响较大。行业景气对企业盈利表现的影响程度与企业的经营杠杆程度有很大关系。如图 4-3 所示，三一重工经营杠杆较高的年份，行业波动导致营业收入下降（例如 2012 至 2015 年），使息税前利润（EBIT）以更大幅度下降，而在收入上升的年份，息税前利润则以更大幅度上升。

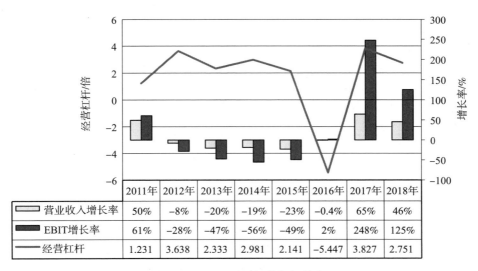

图 4-3 三一重工经营杠杆效应

面对行业景气波动，三一重工采取了一系列调整措施，主要有两个方面。其一是向新业务拓展，培育新利润增长点，这也是企业的常规发展战略，例如向建筑工业化、军工、创业孵化器、举高消防车、环保智能渣土车等新业务转型。其二是在现有优势领域，即混凝土机械、挖掘机、起重机领域，采取了"两去三降大提升"策略，这是企业应对行业风险的主要方面，核心是去产能、降低杠杆和盈亏平衡点。"两去"具体指：去库存，积极处理呆滞存货；去产能，扩大产业链外销、内部产能调剂、合资合作、海外转移，利用众创平台等方式活化资产。"三降"具体指：降成本、降费用、降资产负债率，使公司发展更加健康、更加稳固。"大提升"具体指：大幅提升盈利能力，积极推行价值销售，开展大客户的战略合作，进一步提升后市场的盈利能力，进一步加强海外聚焦国家的销售。三一重工降低杠杆的努力体现在报表上就是固定资产、长期经营资产绝对数和相对数的下降。如表4-1所示，经过5年的调整，固定资产比重已由2014年的26%下降到2018年的16%，整整下降10个百分点，包括固定资产在内的全部长期经营资产比重也由40%下降到30%，从趋势上表现为资产轻化。

实现资产轻化的主要手段是优化资产结构，例如三一重工先后处置了下属子公司湖南新裕钢铁有限公司、淮南三一机械有限公司、淮北三一机械有限公司、六安三一机械有限公司、玉林三一机械有限公司、北京市三一重机有限公司的资产。

表4-1 三一重工对长期资产的调整

项目	2014年	2015年	2016年	2017年	2018年
固定资产/万元	1,608,232	1,522,594	1,401,442	1,280,543	1,186,724
增减/万元	-10,648	-85,638	-121,152	-120,899	-93,819
增减幅度/%	-1	-5	-8	-9	-7
在总资产中的比重/%	26	25	23	22	16
长期经营资产/万元	2,489,709	2,389,891	2,356,270	2,203,024	2,187,878
增减/万元	-10,088	-99,818	-33,621	-153,246	-15,146
增减幅度/%	-0.40	-4.01	-1.41	-6.50	-0.69
在总资产中的比重/%	40	39	38	38	30

3. 调整杠杆对公司价值的影响

通过上述调整，三一重工每年的固定成本下降，盈亏平衡点下降，相应地安全边际增加，从而具备了更大的财务柔性和抵抗行业风险的能力。如表4-2所示，调整后，企业销售的平均边际贡献率上升，由2013年的14%提高到2018年的19%，提高5个百分点；相应地盈余平衡点也由111亿元下降到103亿元，安全边际相应增加，抗风险能力增强。即使把期间费用作为固定性支出考虑进去，轻资产化的调整策略也增强了企业的安全边际。

表 4-2　三一重工杠杆调整对企业抗风险能力的影响

项　目	2013 年	2014 年	2015 年	2016 年	2017 年	2018 年
窄口径						
固定性成本/万元	151,036	173,023	177,785	209,775	191,346	193,218
变动性营业成本/万元	3,226,516	2,639,628	1,986,210	1,978,109	3,153,701	4,536,915
平均边际贡献率/%	14	13	15	15	18	19
盈亏平衡点/万元	1,113,600	1,323,894	1,185,321	1,395,714	1,079,020	1,031,894
安全边际/万元	2,619,189	1,712,578	1,151,366	932,293	2,754,489	4,550,256
宽口径（含期间费用）						
固定性成本/万元	750,016	713,492	571,990	657,763	827,886	1,017,919
变动性营业成本/万元	2,627,536	2,099,159	1,592,005	1,530,121	2,517,161	3,712,214
平均边际贡献率/%	30	31	32	34	34	33
盈亏平衡点/万元	2,533,041	2,311,393	1,794,809	1,919,167	2,410,995	3,038,701
安全边际/万元	1,199,748	725,079	541,878	408,840	1,422,514	2,543,449

注：宽口径视管理费用、研发费用、销售费用（如广告投入）为相对固定的支出，而窄口径则将这些费用视为变动性支出。

三一重工的资产结构调整战略获得了资本市场肯定，如图 4-4 所示，2013 年后，三一重工的股价表现明显优于资本货物制造行业上市公司的平均表现，平均高出 40% 左右，最高年份的 2015 年甚至高于行业平均近 3 倍。观察同期三一重工的固定资产规模，从 2013 年年末开始就出现下降，且下降趋势延续至今，从 160 多亿元下降到 110 亿元左右，销售毛利率则出现波动性上升。

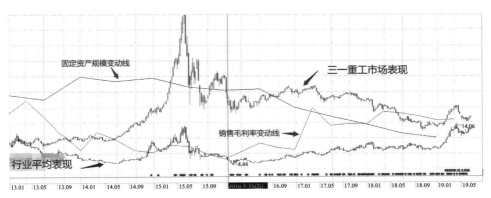

图 4-4　三一重工资产轻化趋势及股价市场表现

三、资产租赁影响公司价值的案例分析——
基于春秋航空

(一) 经营租赁与表外融资问题

在 2016 年国际财务报告准则新租赁准则（IFRS16）出台之前，以及我国在 2018 年 12 月相应修订租赁准则（CAS21）之前，会计上将企业租赁区分为两种类型：融资租赁和经营租赁。前者租期较长，租赁资产作为自有固定资产进入表内，应付租金也作为负债进入表内；而后者并不进入资产负债表，只是将每年支付的租金计入损益表。

国外关于租赁方式的研究主要在 2010 年 IFRS16 征求意见稿之前，研究方向多是经营租赁对承租方的影响，而其中表外融资是学者们研究较多的方面。Duke 等人（2009）对近 600 家公司的经营租赁业务进行了研究，发现这些公司有接近 4.5 亿美元的租赁资产未进行披露，这在很大程度使承租公司的资产负债情况未得到充分反映。Patricia S 等人（2010）通过分析经营租赁表外融资现状，并考察这种表外融资行为对企业财务信息的影响，通过比较分析发现，企业的一些财务绩效指标受到这项行为的较大影响，例如 EBITDA 及资产负债率。

在 IFRS16 的征求意见稿发布之前，我国学者主要研究的是 CAS21（2006）的相关问题。邵瑞庆与施颖燕（2006）通过分析得出结论，如果按照风险报酬是否转移来进行租赁分类并运用不同的会计处理方法，是不能满足准则的基本要求与目标。孙思思（2011）认为旧准则给企业利用租赁进行盈余管理提供了方便，一些企业可能通过设计交易合同使表内负债移向表外，并使进入利润表的费用数字产生变化。同样地，蒋艳红（2014）认为旧准则的分类其实是与租赁本质相违背的，并不能达到相关的会计目标，企业可以根据分类的缺陷进行特殊安排达到相关操纵目的，使会计信息的真实性和相关性降低。

IFRS16 发布后，有学者研究了企业融资结构的变化。Thiongo（2016）以一家外国航空企业作为案例，通过分析在 IFRS16 实施后，这家航空企业的财务报表的变化以及相关财务绩效指标的变化，发现由于租赁分类的取消，经营租赁表内化将会导致企业资产负债的大幅上涨，从而导致资产负债率上升。J. Morales 等人（2017）通过分析 IFRS16 对欧洲几百家上市公司关键性财务数据的影响发现，新准则对零售业、航空运输业等行业造成的影响最为显著。

(二) 案例分析——基于春秋航空

航空业由于业务需要，需要购买或租用大量飞机等固定资产，如果飞机全部通过购买取得，则对于资金的需求十分巨大，因而航空企业经常运用租赁方式取得开展业务所需的飞机等固定资产。对租赁手段的运用，在廉价航空公司尤其较多，这与其自身规模较小、财务资源受限有关。春秋航空作为国内廉价航空公司的代表，本书以其为例探讨资产租赁如何影响企业资产结构和价值发展。

1. 案例公司简介

春秋航空全称为春秋航空股份有限公司，是国内首家低成本运营的航空公司，由上海春秋国际旅行社（集团）有限公司和上海春秋包机旅行社有限公司于 2004 年 11 月 1 日共同投资成立，持股比例分别为 60% 和 40%。2009 年 5 月 15 日，春秋国旅对公司增资人民币 1.2 亿，持股比例增至 84%。2010 年 10 月 20 日，春秋包机旅行社将其持有的 6% 及 3% 股权分别转让予上海春翔投资有限公司及上海春翼投资有限公司。股权转让后，春秋国旅、春秋包机旅行社、春翔投资及春翼投资在公司的持股比例分别为 84%、7%、6% 和 3%。2010 年 11 月 5 日，经中国民用航空局许可，公司改制为股份有限公司。2014 年 12 月 10 日，由中国证券监督管理委员会核准，公司发行不超过 100,000,000 股的人民币普通股（A 股）股票。2015 年 1 月 21 日，公司股票在上海证券交易所挂牌上市交易。

春秋航空及子公司主要经营国内内地至香港和澳门的航空客货运输业务，以及周边国家的航空客货运输业务；航空公司间的代理业务；与航空运输业务相关的服务业务；市际包车客运；市县际定线旅游客运；从事货物及技术的进出口业务；代理货物运输保险、健康保险、人寿保险、意外伤害保险、责任保险；预包装食品；工艺礼品、家用电器、日用百货、五金交电、纺织品、电子产品、化工原料、金属材料、仪器仪表、机械设备、汽车零配件的批发零售；自有设备租赁业务；航空配餐；航空地面服务；租赁业务等。

2. 资产租赁情况

从 2004 年成立发展到 2017 年年底，春秋航空的机队规模增加到 76 架，航线达到了 159 条。就国内市场而言，春秋航空已成为我国旅客周转量最大的航空公司之一。春秋航空不同于国内其他大航空公司的特点，它走低成本运营路线，在经营模式上具有"两单""两高"与"两低"的特点。

"两单"指单一机型与单一舱位。公司全部采用空客 A320 系列机型，统一配备 CFM 发动机。单一机型可通过集中采购降低飞机购买和租赁成本、飞机自选设备项目成本、自备航材采购成本及减少备用发动机数量；通过将发动机、辅助动力装置包修给原制造商以达到控制飞机发动机大修成本；通过集约航材储备降低航材日常采购、送修、仓储的管理成本；降低维修工程管理难度；降低飞行员、机务人员与客舱乘务人员培训的复杂度。公司飞机只设置单一的经济舱位，不设头等舱与公务舱,可提供座位数较通常采用两舱布局运营 A320 飞机的航空公司高 15%~20%,可以有效摊薄单位成本。从 2015 年 9 月起,公司开始引进空客新客舱布局的 A320 飞机,座位数量在保持间隔不变的情况下由 180 座增加至 186 座,截至 2018 年年末已有 36 架 186 座 A320 飞机。

"两高"指高客座率与高飞机日利用率。在机队扩张、运力增加的情况下,公司始终保持较高的客座率水平。公司通过单一机型、更加紧凑合理的航线编排以及较少的货运业务获得更高的运行效率。此外,公司利用差异化客户定位的优势,在确保飞行安全的前提下,更多地利用延长时段(8 时前或 21 时后起飞)飞行,从而增加日均航班班次,提升飞机日利用率。由于公司固定成本在主营业务成本中的比重约为 1/3,因此通过提高飞机日利用率,能够更大程度地摊薄单位固定成本〔固定成本/(可用座位·公里)〕,从而降低运营成本。

"两低"指低销售费用与低管理费用。公司以电子商务直销为主要销售渠道:一方面通过销售特价机票等各类促销优惠活动的发布,吸引大量旅客在本公司网站预订机票;另一方面主动适应移动互联网发展趋势,积极推广移动互联网销售模式,拓展电子商务直销渠道,有效降低了公司的销售代理费用。2018 年,公司除包机包座业务以外的销售渠道占比中,电子商务直销(含 OTA 旗舰店)占比达到 90.7%。2017 年,公司单位销售费用〔销售费用/(可用座位·公里)〕为 0.008 9 元/(座·公里);2018 年,公司单位销售费用〔销售费用/(可用座位·公里)〕为 0.006 7 元/(座·公司),远低于行业可比上市公司水平。

作为成本控制的关键部分之一,营运的飞机来源是其资产结构战略的重要部分。如表 4-3 所示,春秋航空约有一半的飞机是通过租赁方式取得的,而租赁中绝大部分采用经营租赁方式。以 2018 年为例,春秋航空飞机总数为 81 架,其中经营租赁取得的飞机为 40 架,占比 49.38%,平均机龄 5 年,其租赁合同期限一般为 5~10 年,融资租赁飞机只有 1 架,自购的飞机 40 架。

表 4-3 春秋航空飞机来源情况

来源	2015 年		2016 年		2017 年		2018 年	
	数量/架	占比/%	数量/架	占比/%	数量/架	占比/%	数量/架	占比/%
购买	19	36.54	35	53.03	40	52.63	40	49.38
融资租赁	3	5.77	1	1.52	1	1.32	1	1.24
经营租赁	30	57.69	30	45.45	35	46.05	40	49.38

数据来源:2015—2017 年年报。

春秋航空使用经营租赁取得飞机的比例明显高于国内同行企业,如表 4-4 所示,其他三大航空公司经营租赁获得的飞机的比例在 30% 左右,使用融资租赁获得飞机的比例明显高于春秋航空。

表 4-4 航空公司飞机来源构成对比（2017 年）

航空公司	购买/架	占比/%	融资租赁/架	占比/%	经营租赁/架	占比/%	总量/架
春秋航空	40	52.63	1	1.32	35	46.05	76
中国国航	275	42.37	176	27.12	198	30.51	649
东方航空	247	39.39	235	37.48	145	23.13	627
南方航空	277	36.74	213	28.25	264	35.01	754

数据来源：各公司年报。

3. 租赁对公司价值的影响

经营租赁在会计处理上与融资租赁或自购固定资产明显不同。融资租入固定资产作为自有固定资产处理，以租赁资产的公允价值与最低租赁付款额的现值两者中的较低者作为租入资产的入账价值，租入资产的入账价值与最低租赁付款额之间的差额作为未确认融资费用。融资租入固定资产和自有固定资产对损益的影响是通过折旧费用的形式进入利润表。而经营租赁租入固定资产不作为自有固定资产，资产和负债均不进入资产负债表，只是将租金支出在租赁期内按照直线法计入当期损益。租期内未来会计年度将要支付的租赁费只是作为或有负债在附注中披露，例如春秋航空经营租赁通常在一年以上，2017 年年报披露的与未来租金支付义务相关的或有负债如表 4-5 所示。这些是根据公司已签订的不可撤销的经营性租赁合同而在履约期间应支付的最低付租金额，实质上具有负债性质。

表 4-5 春秋航空披露的经营租赁未来最低付款额　　单位：元

时　　间	2018 年 12 月 31 日	2017 年 12 月 31 日
一年以内	1,060,820,650	858,073,125
一到二年	1,284,968,992	838,498,501
二到三年	1,120,957,387	739,992,367
三年以上	3,711,678,247	2,029,637,829
小计	7,178,425,276	4,466,201,822

在日常维修费用方面，经营租赁与融资租赁或自购固定资产的处理也有不同。经营租赁的日常维修费用于发生时计入当期损益；而融资租赁或自购固定资产的日常维修费用符合固定资产确认条件的则予以资本化处理，例如本案例中自购及融资租赁飞机及发动机的修理费用资本化，并按预计大修周期年度以直线法或按飞行小时以工作量法计提折旧。另外，以经营租赁持有的飞机及发动机在退租时所需进行的指定检修，其估计退租检修费用按直线法在相关租赁期间内计提检修准备。

依据年报提供资料，如果按照新的租赁准则，我们可以估算将春秋航空的经营租赁飞机纳入表内对企业资产和负债的影响。如表4-6所示，我们依据年报中披露的经营租赁飞机架数和每年实际支付的相关租赁费用或相关飞机（空客A320）的市场公允价格推算，按新准则后，春秋航空的固定资产将大幅增加，将是原报表披露的固定资产数量2~4倍，固定资产比重明显上升，提高2到4成。由于经营租赁资产入表后需要确定相应负债（应付租赁款），企业的负债总额和资产负债率也明显上升，春秋航空资产负债率上升1到2成。

表4-6 经营租赁入表对春秋航空的资产和负债的影响

项 目	2014年	2015年	2016年	2017年	2018年
原始报表					
固定资产/万元	437,181	585,835	967,009	1,069,135	1,045,433
资产合计/万元	1,126,149	1,602,899	1,964,656	2,060,242	2,657,539
长期应付款/万元	106,660	100,610	67,194	69,093	80,638
非流动负债合计/万元	349,108	451,046	709,942	668,934	631,443
负债合计/万元	770,820	948,921	1,232,307	1,213,852	1,325,072
按新准则将经营租赁飞机入表					
经营租赁飞机数量/架	30	30	30	35	40
新增飞机和负债入账价值（标准1*）/万元	1,911,000	1,911,000	1,911,000	2,229,500	2,548,000
新增飞机和负债入账价值（标准2**）/万元	621,993	695,364	742,276	808,310	964,673
调整后的资产和负债项目					
固定资产（标准1）/万元	2,348,181	2,496,835	2,878,009	3,298,635	3,593,433
固定资产（标准2）/万元	1,059,173	1,281,199	1,709,285	1,877,444	2,010,106
固定资产比重上升（标准1）/%	38	35	25	25	30
固定资产比重上升（标准2）/%	22	19	14	14	16
长期应付款（标准1）/万元	2,017,660	2,011,610	1,978,194	2,298,593	2,628,638
长期应付款（标准2）/万元	728,653	795,973	809,470	877,403	1,045,310
资产负债率上升（标准1）/%	20	22	18	21	25
资产负债率上升（标准2）/%	11	12	10	12	13

* 估算标准1：按A320飞机CEO型市场平均报价0.98亿美元和汇率6.5估算；

** 估算标准2：按最低租赁付款额现值估算的入账价值（考虑续签，按租赁期10年计算，最低租赁付款额按年报披露的实际支付租赁款推算）。

数据来源：公司各年年报。

资产规模的上升能更好地彰显企业实力,这是其积极的一面,但也会降低企业的资产收益率。如表4-7所示,将春秋航空的经营租赁入表后,由于资产基数增大,资产收益率(ROA)下降一半。此外,负债率的上升还会影响市场对企业财务风险的评价,对融资和股价产生不利影响。

表4-7 经营租赁入表对春秋航空盈利指标的影响

项 目	2014年	2015年	2016年	2017年	2018年
净利润/万元	88,418.2	132,785.9	95,051.9	126,158.2	150,284
资产合计/万元	1,126,149	1,602,899	1,964,656	2,060,242	2,657,539
ROA/%	8	8	5	6	6
调整后					
资产合计(标准1)/万元	3,037,149	3,513,899	3,875,656	4,289,742	5,205,539
资产合计(标准2)/万元	2,185,322	2,884,098	3,673,941	3,937,687	4,667,645
ROA(标准1)/%	3	4	2	3	3
ROA(标准1)/%	4	5	3	3	3

第五章
运营效率与公司价值

一、运营效率的主要方面与衡量指标

（一）资产周转效率

公司价值的来源、企业利润的实现依赖于资产的有效使用，充分利用已有资产，实现快速资产周转是企业运营效率追求的基本方面，是决定企业日常经营能力的关键。企业日常运营能力主要从资产周转效率角度进行评价，依据具体评估的资产范围不同，可分为：应收票据与应收账款周转率、存货周转率、流动资产周转率、固定资产周转率、总资产周转率、经营性资产周转率、营业周期、净营业周期等。

（1）应收账款周转率是赊销收入与应收账款平均余额的比值，反映应收账款回笼的快慢。实践中由于应收票据具有与应收账款相同的性质，往往将应收票据与应收账款一道纳入应收账款周转率的计算。计算公式为：

$$应收账款周转率 = 营业收入/[(期初应收账款余额 + 期末应收账款余额)/2]$$

式中，营业收入在数据可得情况下，可剔除现金销售收入。

（2）存货周转率是衡量和评价企业购入存货、投入生产、销售收回等各环节管理状况的综合性指标。存货周转速度越快，存货的占用水平越低，流动性越强，存货转换为现金、应收账款的速度越快。计算公式为：

$$存货周转率 = 营业成本/[(期初存货净额 + 期末存货净额)/2]$$

（3）应付账款周转率是反映企业应付账款的流动速度、流动负债支付能力和占用供应商资金状况的指标。应付账款周转率越高，说明付款条款并不有利，公司总是被逼迫尽快付清欠款。在其他条件相同的情况下，应付账款周转率越低越好。计算公式为：

$$应付账款周转率 = 主营业务成本/平均应付账款余额$$

式中：

$$平均应付账款余额 = (应付账款余额年初数 + 应付账款余额年末数)/2$$

若考虑采购库存的变化,则:

应付账款周转率=(主营业务成本+期末存货成本-期初存货成本)/平均应付账款

(4) 营运资金周转率则是从资金投入角度衡量资产周转效率,反映销售收入与营运资金占用之间的关系。计算公式是:

营运资金周转率=销售收入净额/(平均流动资产 - 平均流动负债)

(5) 上述指标均是从周转速度角度对运营能力进行衡量,还有另一种视角即时间长度视角的衡量,主要是营业周期和净营业周期。营业周期的含义是企业从购入材料到实现销售和回款所要经历的天数,是完整实现一次营业活动所需要的时间长度。净营业周期则考虑了材料采购中占用供应商资金的天数。计算公式为:

营业周期=存货周转天数+应收账款周转天数

即从取得存货开始到销售存货并收回现金为止的这段时间。若预付账款较多,还应加上预付账款周转天数。

净营业周期=存货周转天数+应收账款周转天数-应付账款周转天数

若预收账款较多,还应减去预收账款周转天数。

(二) 费用控制能力

费用控制与销售实现是决定企业盈利的两个基本方面。费用控制的内容既包括期间费用(如管理费用、销售费用和财务费用)的合理管控,也包括营业成本(如制造成本、采购成本、物流成本等)的合理管控。所谓合理管控,是指费用并非越低越好,因为各项费用的产生既有合理因素,也有因管理失效而产生的不合理因素。例如,销售费用直接与产品的销售推广相关,一般而言,推销力度越大(如广告投入、营业网点建设等),产品销售越多,而此时的销售费用也越高;但在某些情形下,一些计入销售费用的支出并不能产生积极效果,如销售人员将个人支出计入推销支出,或不当的业务招待费,或不当的物流安排产生的运输费用等,这种无效支出实际反映了企业管控能力不足的问题,对公司价值而言是消极信号。

现在财务理论和管理会计理论中,经常按照成本习性将其区分为固定成本和变动成本,分类的依据是成本金额是否与业务量(销量或销售金额)存在线性关系。早期的理论认为,在一定范围内,固定成本不随业务量变动,而变动成本与业务量有直接的线性关系。这种理论实际上把成本驱动因素做了简化假设,即认为业务量是成本唯一驱动因素。显然这种假设既把成本的技术性因素单一化了,也把管理因素完全忽略了,不符合现实。后来有大量研究表明,成本变动与业务量变动之间的关系并非线性关系。例如,Anderson、Banker 和 Janakiraman 2003 年基于美国 7,629 家上市公司 1979 年到 1998 年的财务数据分析,指出上市公司成本费用的变化存在"粘性"现象,即销售费用、一般费用和行政费用相对于营业收入的变化并不对称。当营业收入上升1%，上述费用增加0.55%，而营业收入下降1%时，这些费用仅减少0.35%。因此，考察费用对企业盈利的影响，不能仅局限于单位成本、业务量等因素，还应纳入管理因素进行研究。

衡量费用控制能力的基本指标有：

（1）销售成本率，是营业成本占营业收入的百分比，反映企业控制生产成本的能力。

$$销售成本率 = 营业成本/营业收入 \times 100\%$$

（2）销售期间费用率，反映生产成本以外的企业运营费用率。

$$销售期间费用率 = (营业费用 + 管理费用 + 研发费用 + 财务费用)/营业收入 \times 100\%$$

必要时，还可计算管理费用率、销售费用率和财务费用率。

（3）成本费用利润率，反映公司投入的成本费用与创造的净利润的关系。

$$成本费用利润率 = 净利润(含少数股东损益)/(营业成本 + 销售费用 + 管理费用 + 财务费用) \times 100\%$$

（4）收入成本率，反映总营业成本与总营业收入的关系。

$$收入成本率 = 营业总成本/营业总收入 \times 100\%$$

对于一般企业：

$$营业总收入 = 营业收入 + 利息收入 + 已赚保费 + 手续费及佣金收入$$

（三）日常投资能力

日常投资与前文所述战略性投资不同，它是指企业在日常经营活动中，利用闲置资金对外投资实现财务收益的能力。这是企业日常运营能力的重要组成部分，但以往研究并未给予充分重视，在对企业运营效率的考察中常常忽略。

较好的日常投资能力能够既保证企业的流动性需要，又能够实现闲置资金的收益最大化。例如上市公司绿茵生态在2017年下半年募资后，存在大量闲置资金，企业用该资金购入15.24亿元银行理财产品，同期售出前期购买的8.9亿元理财产品。新购入的理财产品和售出前期理财产品使企业当期获得投资收益1,476.9万元，占当期利润的7.11%，计入可供出售金融资产部分的公允价值变动，另外还产生了499万元的其他综合收益。

综上所述，企业运营效率与公司价值的关系如图5-1所示。

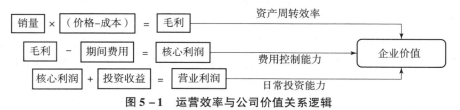

图5-1 运营效率与公司价值关系逻辑

二、运营效率影响公司价值的案例分析

（一）应收账款管理效率影响公司价值的案例分析——基于华兰生物

1. 案例公司简介

华兰生物是一家从事血液制品研发和生产的高新技术企业，于 1998 年通过了血液制品行业的 GMP 认证，为国家定点大型生物制品生产企业，在国内具有一定的领先优势，拥有产品品种较多、规格较全。公司承担的科技攻关项目中，外科用冻干人纤维蛋白胶被列入国家"863"项目，公司生产的 H1N1 流感疫苗获国家收储。公司目前血浆处理能力居国内乃至亚洲前列，已成为亚洲大型血液制品生产企业。综合实力进入中国国家医药工业行业 30 强。

公司主要产品包括人血白蛋白、静注丙球、其他血液制品、其他疫苗等。从表 5-1 所示的公司营业收入构成可以看出，公司是一个专业化非常明显的企业，且产品具有较高的毛利率，这与所在行业具有较高的进入门槛有关。公司产品主要原材料是人体血液，受到较为严格的管制，公司具有这方面的资质和竞争优势。公司年采浆量实现稳定快速增长，2016 年实现采浆 1,028 吨，较 2015 年增长 40% 以上。依据公司制定的"十三五"采浆计划，预计到 2020 年年底，公司年采浆可达 2,000 吨。疫苗板块方面，公司上市的疫苗有流感病毒裂解疫苗、ACYW135 群脑膜炎球菌多糖疫苗、甲型 H1N1 流感病毒裂解疫苗、重组乙型肝炎疫苗（汉逊酵母）；已经完成临床研究的疫苗有冻干人用狂犬病疫苗（Vero 细胞）、四价流感病毒裂解疫苗、A 群 C 群脑膜炎球菌多糖疫苗、乙肝疫苗（10 微克儿童，20 微克成人）；正在进行临床试验的疫苗有 H7N9 流感病毒疫苗、吸附破伤风疫苗、冻干 AC 群流脑结合疫苗、手足口病疫苗、吸附无细胞百白破联合疫苗等；正在有序研发的疫苗有 Hib 疫苗、肺炎多糖及结合疫苗等。2012 年公司制定了疫苗国际化战略布局，2015 年公司流感病毒裂解疫苗国内首家、全球第五家成功获得 WHO 认证证书，同时在数十个国家展开注册。目前，公司取得了菲律宾、乌克兰等国 GMP 证书，印度尼西亚清真证书，科特迪瓦、秘鲁等国的注册证书等。公司还获得了 PIC/S 成员国认证，可以在其组织内几十个成员国申请免验厂（如泰国、印尼、马来西亚等），从而加快注册流程。

表 5-1 华兰生物营业收入构成情况

项目	2013 年	2014 年	2015 年	2016 年	2017 年
营业总收入/万元	111,761.20	124,348.80	147,176.33	193,466.97	236,817.66
其中：人血白蛋白/万元	37,694.43	43,546.14	63,981.05	68,159.90	92,010.09

续表

项　目	2013 年	2014 年	2015 年	2016 年	2017 年
静注丙球/万元	40,826.99	43,135.05	42,179.33	73,089.41	67,702.65
其他血液制品/万元					48,107.03
其他疫苗/万元	15,590.36	16,012.54	11,117.28	10,895.69	28,097.54
其他主营业务/万元	17,479.85	20,412.58	29,241.06	40,676.90	900.35
其他业务/万元	169.57	1,242.48	657.61	645.06	
营业成本/万元	43,856.04	47,435.12	61,894.03	76,351.18	89,003.14
其中：人血白蛋白/万元	14,727.46	17,092.94	27,257.53	28,242.92	37,549.28
静注丙球/万元	14,744.96	13,995.54	16,029.12	28,085.96	24,727.94
其他血液制品/万元					17,649.14
其他疫苗/万元	8,284.55	7,714.48	7,850.39	5,142.82	8,560.18
其他主营业务/万元	6,036.16	7,879.30	10,514.83	14,628.73	516.59
其他业务/万元	62.92	752.85	242.15	250.74	
全部产品毛利率/%	60.76	61.85	57.95	60.54	62.42
其中：人血白蛋白/%	60.93	60.75	57.40	58.56	59.19
静注丙球/%	63.88	67.55	62.00	61.57	63.48
其他血液制品/%					63.31
其他疫苗/%	46.86	51.82	29.39	52.80	69.53
其他主营业务/%	65.47	61.40	64.04	64.04	42.62
其他业务/%	62.90	39.41	63.18	61.13	

数据来源：公司年报。

2. 应收账款周转效率巨幅下降

在对该公司财务状况进行分析的过程中，我们发现公司在 2017 年资产周转效率出现显著不利变化，其中最关键的变化是应收账款周转效率大幅下降，周转率由 2016 年的 9.32 次下降到 2017 年的 4.44 次，周转天数由 38.63 拉长到 81.11，再加上存货周转天数也有所拉长，使其营业周期大幅拉长，由 2016 年的 396.70 天拉长到 512.25 天，拉长幅度达到 29%。如表 5-2 所示。

表 5-2　华兰生物资产周转效率变化

项　目	2013 年	2014 年	2015 年	2016 年	2017 年
营业周期/天	317.64	356.85	346.00	396.70	512.25
存货周转天数/天	269.82	310.05	311.88	358.07	431.14

续表

项　　目	2013 年	2014 年	2015 年	2016 年	2017 年
应收账款周转天数/天	47.81	46.80	34.12	38.63	81.11
存货周转率/次	1.33	1.16	1.15	1.01	0.83
应收账款周转率/次	7.53	7.69	10.55	9.32	4.44
流动资产周转率/次	0.54	0.51	0.57	0.66	0.69
固定资产周转率/次	1.40	1.57	1.69	1.95	2.39
总资产周转率/次	0.34	0.34	0.38	0.45	0.48
应付账款周转率/次	6.76	7.51	14.16	14.24	13.56
应付账款周转天数	53.23	47.93	25.41	25.28	26.54
净营业周期/天	264.40	308.92	320.58	371.41	485.70
营运资本周转率/次	0.61	0.57	0.60	0.71	0.76
非流动资产周转率/次	0.91	0.97	1.12	1.36	1.57

数据来源：依据公司报表数据计算。

3. 应收账款周转率巨幅下降的原因和对公司价值的影响

应收账款周转率下降的原因有多种可能。一种可能是企业自身信用政策的变化，例如降低赊销标准或提供更优惠的内销条件，目的是扩大产品销售。信用政策变化可能来自市场压力，即行业总体销售形势的改变，也可能单纯来自企业自身财务战略的考虑。另一种可能是企业管理效率的下降，对客户信用评估、应收账款追收等工作不力所致。还有一种可能是非正常的增长。例如企业基于盈余管理目的而虚增营业收入，虚增收入难有相应的现金流入，导致应收账款长期挂账。为了解华兰生物应收账款周转率巨幅下降的原因，笔者做了以下几个方面的探索。

（1）考察企业营业收入变动情况，将其与应收账款变动情况进行对比。如图 5－2 所示，华兰生物 2016 年、2017 年的营业收入维持增长，分别为 31% 和 22%，较前三年有所提高；相比之下，2016 年、2017 年营业收入增速提高，但并不属于暴增情形，表现在图形中为一条平缓向上的曲线。形成鲜明对比的是，2016 年的商业债权（应收账款、应收票据）出现了 167% 的增长，2017 年在 2016 年基础上再增长 114%，在图形上 2016 年、2017 年表现为台阶跃升式的增长，这显然超出了信用政策调整与营业收入之间的正常关系，因而可以推断由信用政策变动或管理效率问题导致应收账款周转率变化的可能性不大。

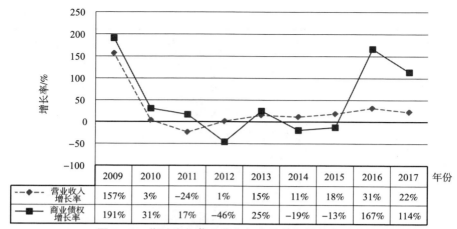

图 5-2 华兰生物营业收入与商业债权增长率对比

数据来源：依据公司年报计算。

（2）考察了华兰生物关联交易情况，以判断是否存在通过关联交易增加营业收入的可能。根据年报披露，2015—2017 年华兰生物关联销售收入虽有所增加，但占全部销售收入的比例微乎其微。如表 5-3 所示，2017 年年报中披露的关联交易仅有华兰基因工程有限公司、河南晟通地产有限公司两笔，销售金额均很小，只占全部销售收入的 0.005,1%。

表 5-3 华兰生物关联销售情况

关联方	2017 年		2016 年	2015 年
	占全部销售收入百分比	本期发生额/元	本期发生额/元	本期发生额/元
华兰基因工程有限公司	0.005%	122,760.00	9,885.75	10,348.00
河南晟通地产有限公司	0.000,1%	3,600.00		

数据来源：公司年报。

另外，年报中披露的前五大客户销售收入占比情况如表 5-4 所示。2017 年前五大客户销售占比为 20.75%，较 2016 年的 23.60% 下降了近 3 个百分点，由此可以判断该公司销售的客户集中度并不高，且呈下降态势。这种情况下通过关联交易做高营业收入的可能性也较低。

表 5-4 华兰生物前五名客户销售收入占比

项 目	2016 年	2017 年
前五名客户合计销售金额/元	456,545,116.34	491,051,315.63
前五名客户合计销售金额占年度销售总额占比/%	23.60	20.75
前五名客户销售额中关联销售额占年度销售总额占比/%	0	0

数据来源：公司年报。

（3）探究了外部政策和行业内重大事件的影响，发现该行业在2016—2017年发生了重要事件，对整个行业均造成了重大影响。2016年，山东发生了疫苗事件，对疫苗企业的生产销售产生了显著影响。生物制品的销售渠道和药品不同，销售疫苗的部分渠道也销售血液制品。疫苗事件后，2016年4月，国务院修订《疫苗管理条例》，取消批发企业经营疫苗的权利，出台"两票制"，即《关于在公立医疗机构药品采购中推行"两票制"的实施意见（试行）的通知》[国医改办发〔2016〕4号]。"两票制"是指药品生产企业到流通企业开一次发票，流通企业到医疗机构开一次发票。药品生产企业或科工贸一体化的集团型企业设立的仅销售本企业（集团）药品的全资或控股商业公司（全国仅限1家商业公司）、境外药品国内总代理（全国仅限1家国内总代理）可视同生产企业。药品流通集团型企业内部向全资（控股）子公司或全资（控股）子公司之间调拨药品可不视为一票，但最多允许开一次发票。药品生产、流通企业要按照公平、合法和诚实信用原则合理确定加价水平。鼓励公立医疗机构与药品生产企业直接结算药品货款、药品生产企业与流通企业结算配送费用。

"两票制"的推行，逐步改变了过去的市场销售模式，进而改变了华兰生物的市场议价能力和销售的主被动关系，是导致华兰生物应收款项巨幅增加的关键原因。"两票制"之前，血液制品需求端旺盛，行业发展迅速，且在2001年后就再也没有批准新的血液制品公司，目前仅有30家左右的企业，是一个典型的政策垄断性市场，因而形成了少数几家血液制品公司面对大量医院的供求结构。由于供求不平衡，血液制品价格和利润很高，涌入很多中间商急切收购血液制品公司的产品，使得生产企业销售话语权很强，根本不需要付出太多销售费用，中间商往往也是现款结算或提前预付款项，应收账款非常低，同时毛利率高（60%左右），净利率也高（40%左右）。

在"两票制"影响下，一些小的中间商不再具备代理血液制品的资格，且中间流通环节减少，血液制品代理权开始向大医药流通企业集中，生产企业的议价能力减弱，货款结算变慢。同时，由于国外血液制品涌入，供求不平衡问题有一定缓解。

两个因素作用的共同结果是华兰生物应收账款大幅上升，销售费用上升，货款周转率下降。据华兰生物的公开信息披露，目前医院回款期最短为90天，疾控中心最短为120天，这两部分应收账款循环余额月均不低于2,000万元。

本案例充分说明了应收账款周转率的下降往往伴随行业和市场的变化，能够较敏感地反映公司价值波动。从股价看，市场投资者确实也作出了反应。如图5-3所示，从2017年下半年开始，企业股价出现明显下挫，由原来与整体医药行业同步或略强的水平，下挫到行业整体水平之下约20%的水平。

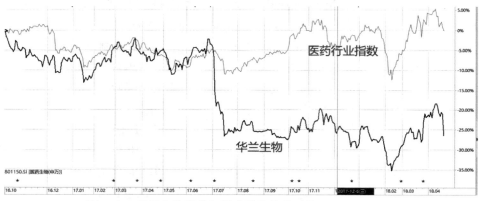

图 5-3 华兰生物股价与行业整体趋势对比（2016—2017）

（二）存货管理效率影响公司价值的案例分析——基于华东数控

1. 案例公司简介

华东数控以研制、生产制造数控机床和数控机床关键功能部件（数控系统、编码器、伺服驱动器、高速精密机床主轴、刀库等）及普通机床为主营业务，是目前国内同时具有先进的龙门磨床和龙门铣床的设计及生产能力的少数企业之一。公司成功开发了开放式五轴联动数控系统、具有国际先进水平的纳米级数控钻铣床、磁电式旋转编码器等高新技术产品、系列化的立式加工中心和卧式加工中心、系列化的数控龙门加工中心和数控龙门铣床以及数控龙门导轨磨床产品、系列化的床身式数控铣床、大规格的平面磨床和外圆磨床。HD-500 五轴联动数控系统软件获得"计算机软件著作权登记证书"，成为国内唯一拥有数控系统完全自主知识产权的机床企业。

公司近年的主要财务数据如表 5-5 所示。公司近年营业收入不断下降，由 2011 年的 6.27 亿元下降至 2017 年的 1.11 亿元，多数年份处于亏损状态，归属母公司的净利润在 2016 年亏损 2.33 亿元，甚至超过当年全部营业收入。除了营业收入下降，在财务上还表现出其他一系列问题，例如毛利率下降、现金流不足、资产周转变慢等。

表 5-5 华东数控财务数据摘要

项目	2011 年	2012 年	2013 年	2014 年	2015 年	2016 年	2017 年
营业收入/亿元	6.27	3.73	3.36	3.45	2.30	1.68	1.11
同比/%	-6.31	-40.48	-9.97	2.89	-33.31	-27.22	-33.86
营业利润/亿元	0.14	-1.43	-2.09	-1.06	-2.49	-2.65	-0.72

续表

项　　目	2011年	2012年	2013年	2014年	2015年	2016年	2017年
同比/%	-86.75	-1,104.78	-46.41	49.11	-134.23	-6.45	72.36
利润/亿元	0.27	-1.37	-2.12	-0.32	-2.48	-2.70	-0.10
同比/%	-76.04	-598.99	-55.50	85.06	-680.26	-9.20	96.22
归属母公司股东的净利润/亿元	0.21	-0.99	-1.73	0.04	-2.12	-2.33	0.37
同比/%	-77.80	-572.12	-75.23	102.25	-5,543.17	-10.03	115.94
息税前利润（EBIT）/亿元	0.55	-0.59	-1.00	-1.18	-1.99	-1.90	-2.01
税息折旧及摊销前利润（EBITDA）/亿元	1.07	0.24	-0.12	-0.30	-1.12	-1.01	-1.17
总资产/亿元	28.22	30.81	26.93	23.62	21.60	18.73	15.43
总负债/亿元	16.58	18.78	17.10	11.71	12.14	12.13	8.91
股东权益/亿元	11.63	12.03	9.83	11.91	9.46	6.60	6.52
经营活动现金流量/亿元	-0.60	-0.39	-0.14	-0.70	-0.40	-0.05	1.17
投资活动现金流量/亿元	-5.71	-1.63	1.85	1.18	1.59	-0.16	1.57
筹资活动现金流量/亿元	5.77	2.31	-2.01	-0.91	-1.19	0.02	-2.30
现金净流量/亿元	-0.53	0.29	-0.29	-0.43	-0.00	-0.19	0.44
销售毛利率/%	28.33	18.42	14.99	9.40	-0.39	-18.28	-14.70
销售净利率/%	3.39	-33.54	-65.81	-7.56	-107.83	-171.72	-8.84
息税前利润率（EBIT Margin）/%	10.32	-19.45	-41.86	8.51	-86.77	-136.25	38.92
税息折旧及摊销前利润率（EBITDA Margin）/%	18.53	2.90	-15.45	33.90	-49.14	-83.19	115.06
ROE（摊薄）/%	2.03	-10.70	-23.03	0.36	-24.25	-36.30	5.46
ROA/%	0.87	-4.24	-7.66	-1.03	-10.99	-14.28	-0.57
资产负债率/%	58.77	60.96	63.50	49.58	56.19	64.74	57.73
资产周转率/次	0.26	0.13	0.12	0.14	0.10	0.08	0.06
每股盈利（EPS）（基本）/元	0.08	-0.38	-0.67	0.01	-0.69	-0.76	0.12
扣非后EPS（基本）/元	0.03	-0.41	-0.67	-0.42	-0.69	-0.75	-0.84
每股净资产/元	4.00	3.58	2.92	3.52	2.84	2.09	2.21
每股销售额/元	2.43	1.45	1.30	1.12	0.75	0.55	0.36
每股经营现金流/元	-0.23	-0.15	-0.05	-0.23	-0.13	-0.02	0.38

数据来源：依据公司年报计算。

2. 突出的存货管理问题

2017年年末,华东数控存货账面价值为3.61亿元,占公司总资产比例为23.37%;2015—2017年,公司存货周转率分别为0.41次、0.39次、0.31次(见表5-6),呈逐年下降趋势。2017年公司产品销售量为596台,同比下降73.14%;库存量为437台,同比下降34.58%。对此变化,公司在2017年报中总结为:"报告期内公司消化库存成果显著"。虽然去库存取得了一定效果,但由于销售不力,销量收入以更大幅度下降,因而在2017年的财务表现中,存货周转率仍然出现下降,由0.39次下降到0.31次。

表5-6 华东数控存货周转效率

项目	2013年	2014年	2015年	2016年	2017年
存货周转天数/天	736.35	680.27	882.35	921.42	1,169.21
存货周转率/次	0.49	0.53	0.41	0.39	0.31
净营业周期/天	743.92	692.41	864.79	865.60	1,095.68
营业周期/天	934.86	853.72	1,100.01	1,150.58	1,431.74
非流动资产周转率/次	0.18	0.23	0.18	0.13	0.10

数据来源:依据公司年报计算。

华东数控除存货周转效率下降外,存货跌价问题也比较突出。公司于每个资产负债表日将每个存货项目的成本与其可变现净值(NRV)进行比较,按较低者计量存货,并且按成本高于可变现净值的差额计提存货跌价准备。可变现净值按所生产产品估计售价减去至完工时估计将要发生的成本、估计的销售费用以及相关税费后的金额确定。2017年公司存货跌价准备期末余额1.48亿元,其中原材料跌价准备1,572万元,库存商品跌价准备6,024万元,2017年新增计提跌价准备5,901万元,因销售等原因转销4,779万元,如表5-7所示。

表5-7 华东数控2017年存货跌价准备计提明细   单位:元

项目	年初余额	本期增加		本期减少		期末余额
		计提	其他	转回或转销	其他转出	
原材料	11,348,042.61	5,596,803.60		206,752.29	1,013,416.92	15,724,677.00
在产品	62,616,845.02	35,490,294.62	1,693,357.12	538,497.61	28,963,857.74	70,298,141.41
库存商品	61,390,446.54	16,254,284.29	30,135,070.69	46,853,342.43	679,940.20	60,246,518.89
发出商品	1,884,696.90	1,079,710.32		190,341.24	1,171,212.95	1,602,853.03
周转材料	16,821.92	71,026.26				87,848.18
委托加工物资	13,823.80	514,302.33				528,126.13
合计	137,270,676.79	59,006,421.42	31,828,427.81	47,788,933.57	31,828,427.81	148,488,164.64

数据来源:公司年报。

实际上，公司从 2015 年开始存货跌价准备就显著增多，如图 5-4 所示。2011 年到 2014 年主要是库存商品和少数原材料发生贬值，到了 2015 年，库存商品、原材料跌价幅度继续上升，在产品也开始大幅计提跌价准备。截至 2017 年，在产品跌价幅度达 43.3%，足以说明公司现有产品滞销，存货风险非常突出。

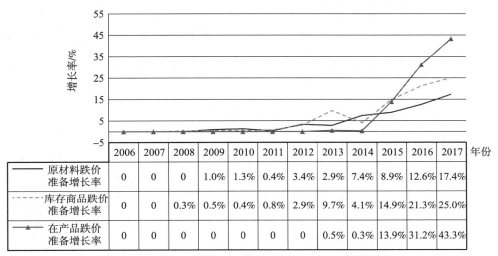

图 5-4　华东数控主要存货品种的跌价准备增长率

数据来源：依据公司年报数据计算。

3. 存货周转率下降的原因和对公司价值的影响

对于上述数据显示的存货风险，是由公司自身管理因素所致还是行业整体趋势，公司是否实施了有效的应对措施，以及公司未来价值前景如何？

首先，我们在华东数控所在的细分行业（金属切削机床制造行业）对比了其他上市公司存货管理情况。如表 5-8 所示，与同行业相似公司相比，华东数控的存货占总资产比例符合平均水平，说明从资产配置结构角度，华东数控并无明显异常，但存货周转率存在明显距离，是五家同行公司中最低的，与最高水平的青海华鼎甚至相差近三倍，因而，华东数控存货周转率低主要反映出企业销售不力而不是行业整体特征。从前文数据可以看出，近三年该公司销售收入连续下降，2015 年至 2017 年变化幅度分别达到 -33.31%、-27.22%、-33.86%。

表 5-8　金属切削机床整机类上市公司的存货管理效率对比

对比公司	存货占总资产比例/%			存货周转率/次		
	2015 年	2016 年	2017 年	2015 年	2016 年	2017 年
青海华鼎	14.83	28.46	30.50	1.85	1.11	0.82
华中数控	21.57	14.13	18.13	1.33	1.71	1.80

续表

对比公司	存货占总资产比例/%			存货周转率/次		
	2015 年	2016 年	2017 年	2015 年	2016 年	2017 年
沈阳机床	31.48	34.56	25.71	0.73	0.62	0.44
秦川机床	26.21	22.16	21.11	1.33	1.33	1.39
华东数控	25.44	24.87	23.37	0.41	0.39	0.31
平均数	23.91	24.84	23.76	1.13	1.03	0.95

数据来源：依据各公司年报数据计算。

其次，我们分析了公司的应对措施。公司在连年亏损并面临退市压力下，采取了一些应对措施。2017 年采取了"去库存"系列举措，具体包括对现有库存机床、在产机床进行改造，以消化前期库存，减少新投产机床的生产制造。2017 年年末库存量为 437 台，比去年同期减少 231 台，同比下降 34.58%。另外，根据该公司审计机构回复交易所询问时披露的公开信息，公司存货状态明细如表 5-9 所示，部分在产品处于停工状态，完工产品存在滞销现象，去库存压力仍然很大。截至 2018 年 4 月，公司在手订单机床产品有 143 台，合同价值 3,410 万元，另有加工合同价值 268.5 万元。2018 年销售前景未见好转，并且在报表日后原材料的市场价格上涨，特别是铸件价格上涨约 10%，使公司产品制造成本上升，也成为不利于销售的因素。综合来看，华东数控存货价值风险短期内难以改观。

表 5-9 华东数控存货状态明细 (2017)

项 目	期末余额/万元	占比/%	减值准备/万元	占比/%	存货状况
原材料	9,050.07	17.78	1,572.47	10.59	因产量降低有部分积压
在产品	16,247.07	31.91	7,029.82	47.34	因资金不足，部分在产品处于停工状态
库存商品	24,051.94	47.24	6,024.65	40.57	存在滞销现象
发出商品	578.37	1.14	160.29	1.08	正常销售
周转材料	725.56	1.43	8.78	0.06	因产量降低有部分积压
委托加工物资	259.17	0.51	52.81	0.36	正常
合计	50,912.18	100.00	14,848.82	100.00	

数据来源：公司公开信息披露。

公司存货状态对公司价值造成的影响包括以下两个方面：
（1）存货周转率下降直接对公司息税前利润和净资产收益率产生负面影响。

例如：公司 2017 年、2016 年存货周转率分别为 0.31 次和 0.39 次，下降了 20.5%，使相应的总资产周转率也下降，总资产周转率分别为 0.08 次和 0.06 次。不考虑政府补助、资产处置收益，两年的销售利润率为 -108.0%、-158.0%，毛利率也为负数，相应的权益乘数分别为 2.662、2.583，据此计算的权益利润率（ROE，未考虑营业外收益）分别为 -23% 和 -24%。假若 2017 年存货周转率和相应的总资产周转率不下降，则 2017 年按上述口径计算的权益利润率为 -33%。由此可见，在公司产品毛利率为负的情况下，公司存货周转率下降反而减缓了权益利润率的进一步恶化。

（2）公司大比例地对库存商品、原材料甚至在产品计提跌价准备，虽增加了当期的盈利压力，但缓解了后续会计期间的盈利压力。例如，在计提跌价准备最高的 2016 年，新提取了 7,572.8 万元跌价准备（见表 5-10），按照 2017 年 0.31 次的存货周转率估算，2017 大约实现原有存货 30% 的销售，据此推算由销售而转销跌价准备约 30%，约为 2,271 万元，意味着当年营业成本可以少计 2,271 万元，为 2017 年扭亏产生有利影响。

表 5-10 华东数控存货跌价损失确认和准备计提情况　　　　单位：元

项　　目	2013 年	2014 年	2015 年	2016 年	2017 年
存货跌价损失（利润表）	22,647,995	3,457,048	72,110,779	71,676,421	58,467,924
较上年变动		-19,190,947	68,653,731	-434,358	-13,208,497
存货跌价准备余额（资产负债表）	34,278,955	23,617,131	90,035,968	137,270,677	148,488,165
较上年余额变动		-10,661,824	66,418,837	47,234,709	11,217,488
新计提	29,453,040	13,428,974	72,110,779	75,728,292	59,006,421
其他新增				6,699,336	31,828,428
转销或转回		10,171,033	5,691,942	25,231,289	47,788,934
其他转出	6,289,549			9,961,631	31,828,428

数据来源：依据公司年报数据推算。

受上述存货价值变动的影响，以及 2017 年高额的非经常性损益，再加上公司对销售费用的控制，公司在 2017 年实现了扭亏为盈。具体是：当年非经常性损益项目合计金额为 2.94 亿元，其中计入当期损益的政府补助金额达 1.39 亿元；公司与 65 家债权人签订了《债务豁免协议》，债权人同意豁免公司债务总额中一定比例的债务，实现债务重组收益 5,139 万元；销售费用为 1,223 万元，同比下降 9.81%。从股价看，市场投资者也作出了反应，如图 5-5 所示，股价在 2017 年 12 月以后一路走高。

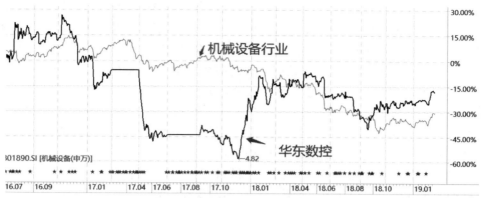

图 5-5 华东数控的股价表现

（三）费用管控能力影响公司价值的案例分析——基于益生股份

1. 案例公司简介

益生股份全称为山东益生种畜禽股份有限公司，成立于1990年，总部位于山东省烟台市。公司系由烟台益生种畜禽有限公司整体变更而来，最初注册资本8,100万元。2010年经中国证券监督管理委员会核准，向社会公众发行2,700万股人民币普通股股票（A股），并在深圳交易所挂牌。截至2019年3月底，公司注册资本增至57,354.38万元。公司所属行业为农业畜牧业。

经过多年的发展，公司现已成为集曾祖代肉鸡、祖代肉种鸡、祖代蛋种鸡、父母代肉种鸡、原种猪、祖代种猪、饲料、畜牧兽医研究院、生态奶牛养殖、牛奶加工、生态蔬菜及有机肥加工等产、研、销为一体的农业产业化企业。依据2018年年报，公司主营构成为：鸡收入占比91.14%；牛奶收入占比4.04%；猪收入占比3.48%；其他占比1.34%。

公司近年财务摘要数据如表5-11所示。

表5-11 益生股份财务摘要

项 目	2012年	2013年	2014年	2015年	2016年	2017年	2018年
营业收入/亿元	6.01	5.03	8.42	6.04	16.11	6.56	14.73
同比/%	-21.93	-16.39	67.42	-28.22	166.62	-59.26	124.42
营业利润/亿元	0.08	-3.30	-0.49	-4.07	5.66	-3.18	3.64
同比/%	-96.61	-4,262.78	85.00	-721.90	239.12	-156.26	214.58
利润总额/亿元	0.11	-2.89	0.24	-4.01	5.62	-3.13	3.63
同比/%	-95.40	-2,782.88	108.15	-1,811.64	238.94	-155.83	214.86

续表

项　目	2012 年	2013 年	2014 年	2015 年	2016 年	2017 年	2018 年
归属母公司股东的净利润/亿元	0.11	-2.89	0.24	-4.01	5.62	-3.13	3.63
同比/%	-95.23	-2,687.15	108.14	-1,804.10	240.32	-155.21	216.91
EBIT/亿元	0.18	-2.55	-0.09	-3.14	6.05	-2.24	4.03
EBITDA/亿元	0.67	-1.92	0.66	-2.33	6.86	-1.30	5.10
总资产/亿元	15.26	15.63	18.25	17.55	19.37	21.44	23.11
总负债/亿元	5.68	8.90	11.17	14.33	4.63	9.19	7.06
股东权益/亿元	9.58	6.73	7.07	3.21	14.74	12.25	16.05
经营活动现金流量/亿元	0.72	-0.98	0.70	-2.61	5.71	-1.41	4.29
投资活动现金流量/亿元	-2.75	-2.93	-1.78	-1.40	-1.73	-1.94	-2.29
筹资活动现金流量/亿元	1.81	1.39	1.73	2.74	-3.68	3.97	-1.69
现金净流量/亿元	-0.22	-2.51	0.64	-1.27	0.28	0.61	0.31
销售毛利率/%	14.86	-34.02	9.21	-37.59	44.95	-12.32	37.05
销售净利率/%	1.77	-57.53	2.76	-66.82	34.75	-47.73	24.42
EBIT Margin/%	3.35	-52.32	7.79	-58.53	35.98	-45.66	25.96
EBITDA Margin/%	11.46	-39.62	16.71	-45.13	41.00	-31.35	33.23
ROE（摊薄）/%	1.17	-43.04	3.34	-124.69	38.20	-25.60	22.75
ROA/%	0.76	-18.73	1.37	-22.56	30.33	-15.35	16.15
资产负债率/%	37.24	56.96	61.24	81.68	23.88	42.86	30.54
资产周转率/次	0.43	0.33	0.50	0.34	0.87	0.32	0.66
EPS（稀释）/元	0.04	-1.03	0.08	-1.43	1.69	-0.92	1.08
EPS（基本）/元	0.04	-1.03	0.08	-1.43	1.70	-0.92	1.08
扣非后 EPS（基本）/元	0.03	-1.18	-0.17	-1.44	1.72	-0.95	1.08
每股净资产/元	3.41	2.39	2.47	1.13	4.41	3.59	4.73
每股销售额 SPS/元	2.14	1.79	2.96	2.13	4.83	1.95	4.37
每股经营现金流/元	0.26	-0.35	0.25	-0.92	1.71	-0.42	1.27

数据来源：公司年报及依据年报数据计算。

2. 益生股份的费用控制问题分析

1）成本变动与收入波动的背离现象

从表 5-11 可以看出，2013 年至 2017 年，益生股份实现归属母公司股东净利润分别为 -2.89 亿元、0.24 亿元、-4.01 亿元、5.62 亿元、-3.13 亿元，经营业绩波动较大，且出现明显的盈亏交替。另外，2017 年报告期内，公司实现营业收入 6.56 亿元，同比下降 59.26%；净利润 -3.13 亿元，同比下降 155.21%；经营活动现金流量净额为 -1.41 亿元，同比下降 124.68%。净利润下降幅度远超过营业收入下降幅度，净利润与经营活动现金流量金额不匹配。基于此，在 2017 年年报公布后，引发了交易所的问询。

导致这种局面的原因是多方面的，外部因素如肉鸡市场的价格和销量波动等，内部因素如费用（成本）控制问题。我们将公司营业收入波动与相关成本项目波动进行对比，可以发现收入波动与成本变动不成正比。如图 5-6 所示，近年，公司的营业收入出现大幅波动，但营业总成本整体上呈现为一条平缓曲线，两者背离较大。例如，2017 年营业收入下降 59%，而总成本只下降 9%；2018 年营业收入上升 124%，而总成本只上升 18%。再将营业总成本分解，如图 5-7 所示，体现销售成本的营业成本，以及销售费用和管理费用同样与营业收入波动出现背离。

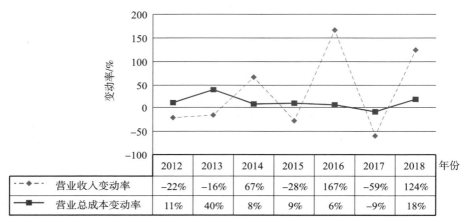

图 5-6　益生股份营业收入与营业总成本的变动率对比

数据来源：依据年报数据计算。

2）成本波动相对平缓现象与成本"粘性"有关

在管理会计领域，学者们对成本习性进行了大量研究，理论界提出了成本（费用）"粘性"（Coststickiness）概念，它是指公司成本（费用）相对于业务量的变化方向不同，其边际变动大小也不一样的现象，例如企业销售、管理费用随收入增加而升高的程度要大于销售、管理费用随收入减少而降低的程度（Anderson、Banker 和 Janakiraman，2003）。Banker 等（2010）对成本（费用）粘性的相关经验研究做了一个总结，他们把企业成本粘性的成因归纳为调整成本、管理者乐观预期以及代理问题三个方面。江伟和胡玉明（2011）对三类原因进行了整理分析，其中，调整成本导致企业成本粘性是指由于企业向下调整资源的成本要高于企业向上调整（即增加）承诺资源的成本，因此当业务量下降时，企业成本（费用）的下降幅度要低于业务量上升时成本（费用）的增加幅度。例如当

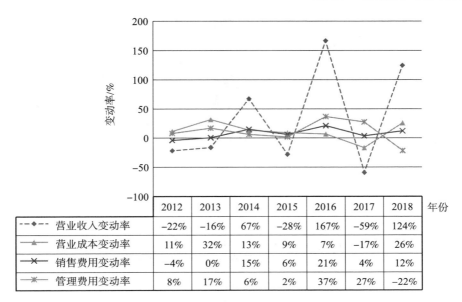

图 5-7 益生股份营业收入与费用的变动率对比

数据来源：依据年报数据计算。

业务下降时，企业要减少雇员的成本往往比业务上升新招聘雇员的成本高。管理者乐观预期是指管理者对于企业未来销售量增长的预期出现乐观估计的情形会比悲观估计的概率高。在乐观估计背景下，即使当期收入出现下降，管理层也不太愿意减少各种承诺资源；而当销售量出现上升，管理者更愿意增加各种承诺资源，因为依据管理层的乐观预期，企业未来会更需要这些资源。管理者对企业未来销售量的乐观预期就会导致成本（费用）随业务量上升和下降变动幅度的非对称性，产生成本粘性。Banker 和 Chen（2006）、Bankeret 等（2010）等学者的研究支持了该观点。代理问题导致的成本粘性是指由于管理者与股东之间的代理问题，管理者在进行各种承诺资源的调整决策时会存在自利行为，这些自利行为使得成本习性与企业的最优资源配置并不一致，并产生成本粘性问题，但是代理问题既可能强化也可能弱化企业的成本粘性，取决于具体的情形（Kama 和 Weiss，2010）。

在本案例中，如图 5-7 所示，管理费用在绝大多数年份表现为上升，即使在营业收入下降的 2012 年、2013 年、2015 年、2017 年；销售费用也表现出降少涨多，比较符合成本粘性概念的描述。

理论上，成本粘性是一个普遍现象。为了对这一理论判断进行验证，笔者对中国证券市场主板的 3,607 家上市公司从 2014 到 2018 年的销售费用与营业收入的关系进行了观察，发现 5 年间共有 3,193 个观察样本营业收入出现下降，而其销售费用率平均增长 1.3 个百分点，即大部分未能同向下降，展现出所谓的"粘性"。全部样本公司的销售费用变动率与销售收入变动率的关系如图 5-8 所示，图中斜线右侧的点所代表的公司均未能在营业收入下降的时候同比例减少销售费用，因此可以认为成本粘性具有普遍性。

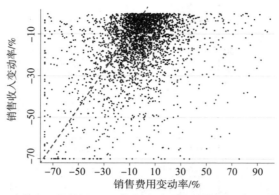

图 5-8 中国 A 股上市公司营业收入下降时销售费用的变动反应

3）成本"粘性"对公司盈利的影响

笔者对益生股份成本（费用）的粘性问题对公司价值的影响进行了量化分析，如表 5-12 所示。2017 年益生股份的营业总收入下降了 59%，营业总收入下降一方面是因为销量下降，由 2016 年的 2.69 亿只下降到 2017 年的 2.07 亿只，另一方面是由于售价的下降，每只均价由 2016 年的 5.99 元下降到 2017 年的 3.17 元。营业总收入下降 59% 的同时，营业成本（反映商品直接成本部分）只下降了 13%，销售费用反而上升了 4%，管理费用更是上升 27%，形成巨大反差。我们将这种费用不成正比，甚至不同方向的变动对当年盈利的影响分解到各个因素上，结果显示：如果管理费用不增长，收益率（以总资产为基数）将上升 1.09%；类似地，如果销售费用不增长，收益率将上升 0.05%；而如果单只生产成本不增长，收益率将上升 2.49%。这意味着，如果成本能够与收入基本成正比例波动，即成本粘性，该企业 2017 年至少可少亏损 3.63%。

表 5-12 益生股份成本粘性价值影响的解析

项 目	2016 年实际	2017 年实际	2017 年各项费用变动的盈利影响（倒推法）		
			假定管理费用不增长	假定销售费用不增长	假定单只成本不上升
营业总收入/万元	161,113	65,640	65,640	65,640	65,640
营业收入变动率/%	167	-59	-59	-59	-59
销量/只	268,791,730	207,224,644	207,224,644	207,224,644	207,224,644
单只平均收入/元	5.99	3.17	3.17	3.17	3.17

续表

项 目	2016 年实际	2017 年实际	2017 年各项费用变动的盈利影响（倒推法）		
			假定管理费用不增长	假定销售费用不增长	假定单只成本不上升
营业总成本（剔除资产减值、投资损失）/万元	103,167	89,658	87,321	89,550	84,312
营业总成本变动率/%	5	-13	-15	-13	-18
营业成本/万元	88,698	73,727	73,727	73,727	68,381
营业成本变动率/%	7	-17	-17	-17	-23
单只营业成本/元	3.30	3.56	3.56	3.56	3.30
税金及附加/万元	200	298	298	298	298
税金及附加变动率/%	639	49	49	49	49
销售费用/万元	3,044	3,152	3,152	3,044	3,152
销售费用变动率/%	21	4	4	0	4
管理费用/万元	8,521	10,858	8,521	10,858	10,858
管理费用变动率/%	37	27	0	27	27
财务费用/万元	2,704	1,623	1,623	1,623	1,623
财务费用变动率/%	-55	-40	-40	-40	-40
营业利润（剔除资产减值、投资损失）/万元	57,946	-24,017	-21,681	-23,910	-18,672
变动率/%	-255	-141	-137	-141	-132
净利润（不考虑非经常损益）/万元	43,459	-24,017	-21,681	-23,910	-18,672
资产总计/万元	193,706	214,439	214,439	214,439	214,439
ROA（不考虑非经常损益）/%	22.44	-11.20	-10.11	-11.15	-8.71
收益影响百分比/%			1.09	0.05	2.49

4) 案例公司成本粘性内在原因探析

企业成本表现出粘性是否代表了管控失效？如前文分析表明，其内在原因可能有三种：一是调整成本，即有关费用具有"刚性"，增长容易，削减困难；二是管理者乐观预期，即对未来业绩持乐观态度，认为没有必要在当期削减费用；三是代理问题，即管理者不能勤勉尽责，甚至谋取不当私利。显然，后两者属于管控失效的范畴，尤其是第三类原因。

具体到本案例中，表现出明显成本粘性的是管理费用和销售费用，财务费用变动与营业收入规模一般没有直接关系，不属于成本粘性问题关注的对象，相关学术研究主要针对的费用项目就是销售费用和管理费用。对于影响盈利金额较大的营业成本（主要体现直接性生产经营费用）未能与营业收入同比例下降（2017 年营业收入下降 59%，而营业成本只下降 17%），虽也可以归为成本粘性范畴，但此项与经营杠杆有莫大关系。相反，管理费用和销售费用与企业管控能力关系更为明显，为此，笔者对两项期间费用的明细内容进行了简要分析，以进一步判断其内在原因。

（1）对各费用明细项目在 2009 至 2018 年的标准差和变异系数进行了统计分析。如表 5-13 所示，十年间营业总收入变异系数为 0.535,3，相比之下，营业利润变动程度大得多，变异系数为 16.650,8。若以营业总收入变异系数为参照，营业成本、管理费用、销售费用的变动程度明显低于收入变动，这是一种粘性的表现。在管理费用内部，车辆费用变动最小，变异系数只有 0.297,1，其次是办公设备的折旧摊销，业务招待费变动程度最大；在销售费用内部，工资薪酬是变动程度最小的部分，运输费是变动最大的部分。由此可知，管理费用中的车辆、设备等固定性支出是成本粘性的重要内在因素，因为这两类支出的管控存在调整成本，也与代理问题相关。销售费用中的工资薪酬是成本粘性的内在因素，它表明企业在这方面的管控存在改进空间，因为通常情况下销售人员的工资薪酬应尽可能与销售业绩挂钩。

表 5-13　益生股份收入与各费用项目的变动统计（2009—2018）　　单位：万元

项目	均值	标准差	最小值	最大值	变异系数
营业总收入	78,860.2	42,217.6	36,548.0	161,113.3	0.535,3
营业利润	1,888.6	31,446.7	-40,664.0	56,573.0	16.650,8
营业总成本	76,140.1	28,235.2	28,660.9	110,814.9	0.370,8
营业成本	63,848.5	23,532.7	23,965.3	92,727.3	0.368,6
税金及附加	91.5	116.5	6.8	298.3	1.272,1
销售费用	2,394.3	674.5	1,515.5	3,530.9	0.281,7
管理费用	6,119.7	2,591.2	2,069.0	10,857.8	0.423,4
财务费用	2,402.4	1,655.0	758.2	5,955.0	0.688,9
销售费用主要明细项目					
工资薪酬（销售费用）	807.2	269.3	393.6	1,228.8	0.333,7
折旧摊销（销售费用）	14.0	8.3	1.5	22.4	0.594,9
运输费（销售费用）	470.6	413.8	46.4	1,248.3	0.879,3
广告宣传及招待费（销售费用）	90.5	54.7	20.3	195.7	0.604,6

续表

项目	均值	标准差	最小值	最大值	变异系数
管理费用明细					
工资薪酬（管理费用）	2,208.0	937.8	614.8	3,381.7	0.424,7
折旧摊销（管理费用）	561.0	206.5	198.2	891.2	0.368,1
差旅费（管理费用）	244.5	144.3	85.8	495.8	0.590,2
业务招待费（管理费用）	150.7	143.8	0.0	369.0	0.954,0
车辆费用（管理费用）	701.0	208.3	297.3	956.7	0.297,1
其他（管理费用）	4,053.5	3,147.5	815.3	9,834.9	0.776,5

数据来源：依据历年公司年报数据计算。

（2）对各项费用与营业收入、营业利润之间的相关性进行了分析。如表5-14所示，在5%的水平上，管理费用与营业收入、营业利润的相关性不显著，在管理费用内部，前文发现的变动程度较小的办公设备的折旧摊销与营业收入、营业利润的相关性也不显著，车辆费用、工资薪酬、差旅费三者均与营业收入有较高的正相关性，但均与营业利润不相关。销售费用与营业收入高度相关，但与营业利润的相关性不显著，销售费用内部的明细项目中只有运输费与营业收入相关，但与营业利润不相关。综合来看，益生股份对期间费用管理效率还有提升空间，尤其是销售费用和管理费用中设备支出等方面，要研究其支出的合理性，探讨是否有更富弹性的支出方式，如通过租赁方式满足部分设备的需求。

表 5-14 益生股份各项费用与收入的相关性

序号	项目	1	2	3	4	5	6	7	8	9	10	11	12	13	14	15	16
1	营业利益	1															
2	营业总收入	0.728,5*	1														
		0.016,9															
3	营业总成本	0.001,00	0.685,3*	1													
		0.998	0.028,7														
4	营业成本	0.047,9	0.716,2*	0.996,0*	1												
		0.895	0.019,8	0													
5	销售费用	0.228	0.781,6*	0.892,1*	0.879,0*	1											
		0.526	0.007,60	0.000,500	0.000,800												
6	管理费用	-0.001,70	0.593	0.857,5*	0.823,4*	0.917,6*	1										
		0.996	0.070,8	0.001,50	0.003,40	0.000,200											
7	财务费用	-0.343	0.193	0.648,3*	0.671,6*	0.331	0.277	1									
		0.333	0.594	0.042,6	0.033,4	0.350	0.438										
	销售费用明细																
8	工资薪酬（销售费用）	0.026,3	0.663,0*	0.936,9*	0.920,2*	0.965,2*	0.915,5*	0.432	1								
		0.943	0.036,7	0.000,100	0.000,200	0	0.000,200	0.212									
9	折旧摊销（销售费用）	-0.160	-0.605	-0.705,3*	-0.670,4*	-0.850,4*	-0.859,7*	-0.007,80	-0.848,5*	1							
		0.659	0.064,0	0.022,7	0.033,9	0.001,80	0.001,40	0.983	0.001,90								

续表

序号	项目	1	2	3	4	5	6	7	8	9	10	11	12	13	14	15	16
10	运输费（销售费用）	0.203	0.759,2*	0.888,4*	0.872,7*	0.963,1*	0.870,1*	0.409	0.925,3*	-0.829,2*	1						
		0.575	0.010,9	0.000,600	0.001,00	0	0.001,10	0.241	0.000,100	0.003,00							
11	其他（销售费用）	0.309	0.821,4*	0.863,9*	0.850,6*	0.990,3*	0.912,4*	0.273	0.929,5*	-0.857,1*	0.968,0*	1					
		0.385	0.003,60	0.001,30	0.001,80	0	0.000,200	0.446	0.000,100	0.001,50	0						
	管理费用明细																
12	工资薪酬（管理费用）	0.101	0.724,0*	0.951,9*	0.956,9*	0.850,3*	0.833,4*	0.561	0.876,9*	-0.635,4*	0.803,4*	0.835,8*	1				
		0.781	0.017,9	0	0	0.001,80	0.002,70	0.091,7	0.000,900	0.048,4	0.005,10	0.002,60					
13	折旧摊销（管理费用）	-0.028,6	0.617	0.932,8*	0.911,9*	0.930,6*	0.904,9*	0.424	0.985,1*	-0.824,9*	0.895,3*	0.892,6*	0.872,7*	1			
		0.938	0.057,3	0.000,100	0.000,200	0.000,100	0.000,300	0.222	0	0.003,30	0.000,500	0.000,500	0.001,00				
14	差旅费（管理费用）	0.162	0.649,7*	0.762,1*	0.736,1*	0.929,7*	0.873,3*	0.215	0.890,6*	-0.885,7*	0.913,7*	0.916,9*	0.638,3*	0.845,9*	1		
		0.655	0.042,0	0.010,4	0.015,2	0.000,100	0.001,00	0.551	0.000,500	0.000,60	0.000,200	0.000,200	0.047,0	0.002,00			
15	业务招待费（管理费用）	-0.092,5	0.470	0.781,6*	0.782,8*	0.632,9*	0.709,0*	0.422	0.725,5*	-0.563	0.502	0.585	0.837,8*	0.716,3*	0.481	1	
		0.799	0.171	0.007,60	0.007,40	0.049,5	0.021,7	0.225	0.017,6	0.090,1	0.139	0.075,5	0.002,50	0.019,8	0.159		
16	车辆费用（管理费用）	0.173	0.639,1*	0.734,1*	0.697,6*	0.888,0*	0.944,6*	0.091,9	0.831,0*	-0.920,1*	0.875,0*	0.913,6*	0.686,8*	0.795,9*	0.913,7*	0.532	1
		0.632	0.046,7	0.015,6	0.024,9	0.000,600	0	0.801	0.002,90	0.000,200	0.000,900	0.000,200	0.028,3	0.005,90	0.000,200	0.114	

第六章
筹资安排与公司价值

一、筹资影响公司价值的机理

筹资从三个方面决定公司价值,即是否具备适时、足额的筹资能力,资本结构是否合理,筹资策略是否与企业发展战略一致。

(一) 筹资能力

筹资要考虑适时、足额,否则会出现"巧妇难为无米之炊"的问题。所谓适时,是指企业在筹资过程中,必须按照投资机会来把握筹资时机,以避免因取得资金过早而造成闲置,或者取得资金的相对滞后而影响投资时机。所谓足额,是指企业在筹资过程中,无论通过何种渠道、采用何种方式都应预先确定资金的需求量,使融资量与需求量相互平衡,防止筹资不足而影响资本开支和有效经营活动的正常开展,同时也避免筹资过剩而降低筹资效益。

现实中往往会出现企业筹资短缺问题,即能以合理方式筹集的资金总额低于资金需求,这种情况下企业就难以实现扩产或扩张目的,严重的还可能出现流动性困难,严重损害公司价值。因此,筹资能力是公司价值决定的重要方面。

实践中,一般从资金需求、筹资潜力两个方面的对比分析来判断企业的筹资能力。资金需求可分为日常营运的资金需求和长期资产构建的资金需求。前者指企业日常经营活动中商业信用产生的负债与债权在考虑各自周转效率之后的差额,再加上日常货币资金需求(交易性动机的货币资金),例如,必需的零星支出备用金、结算所需的必要周转资金等,以及经常性费用支付所需要的资金,这是企业经营活动所需要的核心营运资金,企业筹资首先应保障核心营运资金的需要。长期资产构建的资金需求是指用于构建固定资产、无形资产,以形成或扩大自身生产经营能力的资金需求。企业生产经营能力的构建或扩张也可能通过并购、联营其他企业而实现,则此时的资金需求表现为对外投资的资金需求。

筹资潜力可通过企业的流动性、盈利性、增资扩股资质等方面综合判断。企业从银行贷款或发行债券、短期融资券,其流动性是关键决定因素。流动性的考察首先可以从现时资产的变现能力入手,常用衡量指标包括:流动比率、速动比率、现金比率、有形净值债务率。

有形净值债务率是实践中考察企业资产对债务的保障能力的一项十分有用的指标,它的计算公式是:

有形净值债务率 = 负债合计/(归属母公司股东的权益 – 无形资产 – 开发支出 –
商誉 – 长期待摊费用 – 递延所得税资产) × 100%

从长远来看,盈利是企业偿债能力的最终来源,盈利能力决定了企业以未来赚取的利润偿还未来债务和支付利息的能力,因此还应从企业盈利性角度考察企业的流动性。常用衡量指标包括:息税折旧摊销前利润/负债合计、经营活动产生的现金流量净额/负债合计、经营活动产生的现金流量净额/流动负债、经营活动产生的现金流量净额/非流动负债、EBITDA/利息费用、已获利息倍数(EBIT/利息费用)、现金流量利息保障倍数、EBITDA/带息债务等。其中,息税折旧摊销前利润(EBITDA)=(营业总收入 – 营业税金及附加)–(营业成本 + 利息支出 + 手续费及佣金支出 + 销售费用 + 管理费用 + 坏账损失 + 存货跌价损失)+(固定资产折旧、油气资产折耗、生产性生物资产折旧)+ 无形资产摊销 + 长期待摊费用摊销。

对于流动性负债筹资,我们还可以通过比较企业应付票据与应付账款的规模变化、存货规模变化、采购中支付现金的规模变化(这些可以从一定程度上体现企业在采购中的议价能力),推断其通过商业信用筹资的能力。对于上市公司的股权筹资潜力,主要考察其发行新股的资质,因素包括近年净资产收益率、分红派息情况、资金使用情况等;对于非上市公司的吸纳新股东,则主要考察其发展潜力,包括销售收入增长率、利润增长率、销售收入波动率、利润波动率等。

(二)资本结构

在具备足够资金来源的情况下,就存在企业筹资渠道的选择优化问题。在大类上,筹资类型可分为流动负债筹资、长期负债筹资和股权筹资,其中流动负债筹资就包括短期信贷、其他金融性负债、短期融资券、商业票据、应付账款、预收款项、应付未付项目等。筹资活动为企业经营提供资金支持,是公司价值形成的基础因素;但公司价值受筹资影响不仅在于筹资所提供的适时足额资金,筹资方式、筹资结构所决定的企业筹资成本、风险承担和控制权收益,即资本结构,也对公司价值形成关键影响。

在研究中,资本结构一般指企业长期融资中负债与权益融资的比例。资本市场的发展使企业有了更多资本结构的选择,企业可以发行比例较高或较低的债务,发行浮动利率优先股、认股权证、可转换债券等,企业还能使用租赁融资、债券互换及远期合约。资本结构理论对资本结构与公司价值的基本关系进行了探讨,但仍存在不同观点,它们基于不同假设从不同侧面阐释了企业筹资与公司价值决定之间的关系。主要观点包括:

（1）净收益观点。这种观点认为，在公司的资本结构中，债权资本的比例越大，公司的净收益或税后利润就越多，从而公司价值就越高。这种观点是基于如下假设：公司获取资本的来源和数量不受限制，并且债权资本成本率和股权资本成本率都是固定不变的，不受财务杠杆的影响。

（2）MM 资本结构理论。该观点在假定资本市场无摩擦、无税收和交易成本等假设下，公司价值与其资本结构无关，公司价值取决于其实际资产，而不是其各类债权和股权的市场价值。其内在逻辑是公司债权资本成本率是固定的，但股权资本成本率是变动的，公司的债权资本越多，公司的财务风险就越大，股权资本成本率就越高；反之亦然。经加权平均计算后，公司的综合资本成本率不变，是常数。因此，资本结构与公司价值无关。而 MM 资本结构修正理论认为若考虑公司所得税的因素，公司价值会随财务杠杆系数的提高而增加，从而得出公司资本结构与公司价值相关的结论。

（3）代理成本理论。该理论是在研究代理成本与资本结构的关系中形成的，它指出：公司债务的违约风险是财务杠杆系数的增函数；随着公司债权资本的增加，债权人的监督成本随之上升，债权人会要求更高的利率，这种代理成本最终要由股东承担，因此，公司资本结构中债权比率过高会导致股东价值的降低，而债权资本适度的资本结构会增加股东的价值。

（4）信号传递理论。该理论认为，公司可以通过调整资本结构来传递有关获利能力和风险方面的信息，当公司价值被低估时，企业会增加债权资本，反之亦然。

（5）啄序理论。该理论从筹资的现实成本出发，认为公司倾向于首先采用内部筹资，如果需要外部筹资，公司将先选择债券筹资，再选择其他外部股权筹资。按照啄序理论，不存在明显的目标资本结构，因为虽然留存收益和增发新股均属股权筹资，但前者最先选用，后者最后选用，因为前者不会产生显性成本。获利能力强的公司之所以安排较低的负债比例，并不是因为要确立较低的目标负债比例，而是因为不需要外部筹资。

企业为了获得竞争优势，应当根据自身特征确定合适的筹资模式，即资本的属性结构与期限结构，以谋求公司价值最大化。从投资者角度看，企业资本结构的变动反映了企业各方参与者之间权、责、利关系变动，资本供需各方承担风险也发生变动，能够在一定程度上显示企业的营利性、风险性信息。

（三）筹资策略与企业发展战略的一致性

为使公司价值最大化，筹资中还须进一步考虑筹资策略与企业发展战略的一致性问题，通俗地讲就是"用什么钱办什么事"的问题，即考虑资产负债表左右两边的内在关联，整体考虑企业的投资与筹资战略，而不是像一些教科书中割裂筹资与投资的固有联系那样。

根据营运资金与长、短期资金来源的配比关系不同可分为三种筹资策略类型：

（1）配合型筹资策略。其特点是：对于临时性流动资产，运用临时性负债筹集资金满足其资金需要；对于永久性资产（永久性流动资产和全部长期资产），运用长期负债和权益资本筹集资金满足其资金需要。它的基本思想是将资产与负债期间相配，以降低企业不能偿还到期债务的风险和尽可能降低债务的资本成本。

（2）激进型筹资策略。其特点是临时性负债不但担负融通临时性流动资产的资金需要，还解决部分永久性资产的资金需要。所以这是一种收益性和风险性均较高的筹资策略。

（3）稳健型筹资策略。其特点是临时性负债只融通部分临时性流动资产的资金需要，另一部分临时性流动资产和永久性资产则由长期负债和权益性资本作为资金来源，这是一种风险性和收益性均较低的筹资策略。

筹资策略必须结合"募资投向"来考虑，筹资决策的出发点和落脚点是满足投资需求，而且筹资策略的差异充分说明了筹资策略必须具有的权变性。例如，流动比率指标是流动资产与流动负债的比值，有财务常识的人都会熟知该指标通常有大于1.5或2的数值要求，这是基于流动性和偿债能力的考察。如果从筹资策略分析，流动比率2的要求实质就是短期负债筹资必须全部用于流动资产投资，而且有二分之一的流动资产资金需求应该由长期筹资解决。换言之，企业随时做好了将流动资产打五折的安排以应对流动负债的支付压力，这种固化的比率要求是财务稳健的标志。这种稳健的流动比率要求也就对应了财务上不能"短贷长投"。从稳健经营、控制风险的角度来看是合理的，但是这种僵化的流动性"配比"要求与公司发展战略的多样性和权变性是相悖的，它并不是绝对的"禁区"与"高压线"。有些条件下可以采用"短贷长投"，例如企业流动资金周转快于行业平均水平，安排比较保守的现金储备，流动负债比例较高，但长期负债比例较低。

二、筹资安排影响公司价值的案例分析——基于哈三联

1. 案例公司简介

哈三联全称为哈尔滨三联药业股份有限公司，前身为哈尔滨三联药业有限公司，系2013年12月通过整体变更方式设立的股份有限公司，公司注册地址为哈尔滨市利民开发区。公司于2017年9月22日在深圳证券交易所上市。截至2018年12月31日，公司股本总数为31,660.01万股，注册资本为31,660.01万元。

公司业务领域属医药制造行业，主要产品为氯化钠注射液、葡萄糖注射液、

奥拉西坦注射液、米氮平片等。2001 年冻干粉针、小容量注射剂、大容量注射剂一次性通过国家 GMP 认证，企业生产能力迅速提升。2016 年公司荣获中国药品研发综合实力百强称号，2013 年被认定为省级企业技术中心，并被授予黑龙江省专利优势企业试点单位称号。按照 2018 年年报，公司主营构成是：冻干粉针剂占比 46.03%，小容量注射剂占比 29.54%，大输液占比 13.64%，固体制剂占比 6.33%，医疗器械占比 3.69%，化妆品占比 0.65%，进出口贸易占比 0.07%，原料药占比 0.05%。

公司目前实际控制人为秦剑飞、周莉。按照 2019 年一季报，公司十大股东持股和主要下属企业情况如表 6-1 和表 6-2 所示。

表 6-1 哈三联十大股东明细

排名	股东名称	持股数量/股	占总股本比例/%
1	秦剑飞	123,705,000	39.07
2	周莉	36,787,500	11.62
3	诸葛国民	27,000,000	8.53
4	哈尔滨利民盛德发展有限公司	12,375,000	3.91
5	秦臻	11,250,000	3.55
6	中瑞国信资产管理有限公司	7,649,700	2.42
7	达孜县中钰泰山创业投资合伙企业（有限合伙）	6,750,000	2.13
8	王明新	2,565,000	0.81
9	中合供销一期（上海）股权投资基金合伙企业（有限合伙）	2,250,000	0.71
10	姚发祥	1,282,500	0.41

数据来源：公司财务报告。

表 6-2 哈三联主要下属企业

序号	公司名称	关系	直接持股比例	表决权比例	主营业务
1	兰西哈三联制药有限公司	子公司	100.00	100.00	医药制造
2	兰西哈三联医药有限公司	子公司	100.00	100.00	医药销售
3	黑龙江威凯洱生物技术有限公司	联营企业	33.27		生物制药
4	北京哈三联科技有限责任公司	子公司	100.00	100.00	药品研发
5	济南循道科技有限公司	子公司	100.00	100.00	药品研发
6	哈尔滨裕实投资有限公司	子公司	100.00	100.00	技术投资咨询
7	哈尔滨三联医药经销有限公司	子公司	100.00	100.00	医药销售

续表

序号	公司名称	关系	直接持股比例	表决权比例	主营业务
8	哈尔滨裕阳进出口有限公司	子公司	100.00	100.00	医药销售
9	北京湃驰泰克医药科技有限公司	孙公司		67.81	药品研发
10	哈尔滨三联礼德生物科技有限公司	子公司	100.00	100.00	药品研发

数据来源：公司财务报告。

公司主要财务数据如表6-3所示。从表中可以看出，公司近年的营业收入、营业利润、净利润和归母公司股东的净利润均处于连续上升趋势。营业收入由2014年的6.82亿元增长到2017年的11.49亿元，四年增长了68.5%；同期净利润由2014年的1.47亿元逐年增长到2017年的1.81亿元，四年间增长了23.1%；同时，企业资产规模、股东权益和销售现金流入均有明显增长，销售毛利率逐年攀升，业务表现出良好的发展势头。但与此形成反差的是，反映企业盈利能力的相对指标如ROE、ROA和ROIC均有下降，在2017年的下降尤其明显。以净资产收益率ROE为例，前三年虽有所下降，但均在21%以上，2017年突然下降到9.87%，降幅惊人。是什么原因导致了这种反差？对上市公司价值管理有何启示？这些问题值得探究。

表6-3 哈三联财务数据摘要

项　目	2014年	2015年	2016年	2017年
利润表摘要				
营业总收入/万元	68,152	72,202	76,087	114,883
营业总成本/万元	51,795	53,458	56,312	94,398
营业利润/万元	16,357	18,694	19,775	25,271
利润总额/万元	17,450	19,798	20,913	25,304
净利润/万元	14,698	16,630	17,518	18,108
归属母公司股东的净利润/万元	14,698	16,630	17,518	18,108
非经常性损益/万元	1,674	841	924	1,742
扣非后归属母公司股东的净利润/万元	13,024	15,789	16,595	16,366
EBIT/万元	17,082	19,704	20,175	22,774
EBITDA/万元	20,759	24,462	26,009	29,773
资产负债表摘要				
流动资产/万元	30,508	29,283	33,975	135,899
固定资产/万元	37,798	52,186	57,625	68,163
长期股权投资/万元	0	0	0	0
资产总计/万元	97,046	105,292	116,619	218,375

续表

项 目	2014 年	2015 年	2016 年	2017 年
流动负债/万元	27,249	23,586	27,195	26,662
非流动负债/万元	8,881	8,909	8,606	8,218
负债合计/万元	36,130	32,495	35,801	34,880
股东权益/万元	60,916	72,797	80,817	183,495
归属母公司股东的权益/万元	60,916	72,797	80,817	183,495
未分配利润/万元	14,283	24,434	30,667	39,190
现金流量表摘要				
销售商品提供劳务收到的现金/万元	70,249	78,610	82,246	122,102
经营活动现金净流量/万元	11,631	20,085	23,118	22,346
购建固定无形长期资产支付的现金/万元	14,581	14,172	9,388	10,493
投资支付的现金/万元			1,400	65,500
投资活动现金净流量/万元	-13,607	-14,219	-10,780	-72,531
吸收投资收到的现金/万元	9,960			90,901
取得借款收到的现金/万元	18,700	14,000	10,600	10,100
筹资活动现金净流量/万元	3,058	-6,910	-6,641	72,132
现金净增加额/万元	1,083	-1,044	5,698	21,946
期末现金余额/万元	8,129	7,085	12,783	34,730
折旧与摊销/万元	3,677	4,759	5,834	6,999
关键比率				
ROE(摊薄)/%	24.13	22.84	21.68	9.87
扣非后 ROE(摊薄)/%	21.38	21.69	20.53	8.92
ROA/%	16.08	16.44	15.79	10.81
ROIC/%	25.34	22.33	20.61	13.35
销售毛利率/%	57.82	61.79	61.88	74.17
销售净利率/%	21.57	23.03	23.02	15.76
EBIT Margin/%	26.67	28.24	28.01	22.31
EBITDA Margin/%	32.06	34.83	35.67	28.41
资产负债率/%	37.23	30.86	30.70	15.97
资产周转率/次	0.75	0.71	0.69	0.69
(销售商品劳务收到现金/营业收入)/%	103.08	108.88	108.09	106.28

数据来源：公司年报。

2. 哈三联筹资能力与筹资情况分析

由于盈利指标突降出现在 2017 年,我们查阅了公司 2017 年的重大事件,最主要的事件是公司通过公开发行上市。哈三联在 2017 年 9 月 11 日,经证监会审核同意,首次公开发行 5,276.67 万股人民币普通股股票,每股价格 18.07 元,共募集资金 9.53 亿元,扣除手续费和佣金,募资净额为 9 亿元。9 月 22 日,经深圳证券交易所同意,所发行股票在深圳证券交易所上市。

以该事件为线索,我们从筹资角度对哈三联进行解析。除了股权融资,公司还有多种形式的流动负债或非流动负债筹资(详见图 6－1 和表 6－4),从图中可以明显看出,2017 年的首发上市使企业资本结构出现显著变化,股权融资比重由 69% 的水平一下跃升到 84% 的高位,负债筹资占比下降到 16% 的水平。

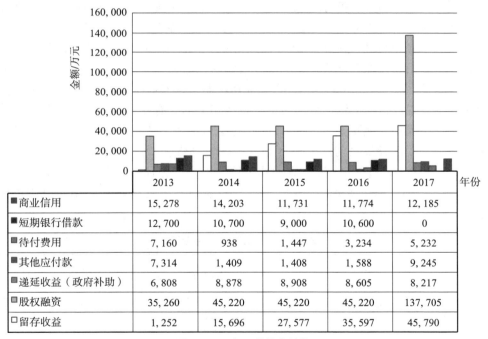

图 6－1 哈三联筹资结构

数据来源:公司年报

表 6－4 哈三联资金来源结构百分比 单位:%

项　　目	2013 年	2014 年	2015 年	2016 年	2017 年
商业信用	17.8	14.6	11.1	10.1	5.6
短期银行借款	14.8	11.0	8.5	9.0	0
待付费用	8.2	1.0	1.4	2.8	2.4
其他应付款	8.5	1.5	1.4	1.4	4.2

续表

项目	2013年	2014年	2015年	2016年	2017年
流动负债融资合计	49.5	28.1	22.4	23.3	12.2
递延收益负债（政府补助）	7.9	9.1	8.5	7.4	3.8
全部负债融资合计	57.4	37.2	30.9	30.7	16.0
股权融资	41.1	46.6	42.9	38.8	63.1
留存收益	1.5	16.2	26.2	30.5	21.0
权益融资合计	42.6	62.8	69.1	69.3	84.0

数据来源：公司年报。

2017年9月的发行上市充分体现了公司的股权筹资能力。实际上，在股权筹资选项之外，公司的债务筹资能力同样较高。笔者从流动性、盈利对债务的保障能力、商业信用筹资能力几个方面解析了该企业的筹资能力，分述如下：

（1）从流动性角度解析公司的筹资能力。如表6-5所示，分别计算未剔除递延收益影响和剔除递延收益影响的公司流动性指标，非流动负债中的递延收益是由政府补助（资产相关）产生的，将其从非流动负债总额中剔除是因为，只要企业按计划进行相关资产构建活动，资产相关的政府补助最终并不需要企业偿还，剔除这一要素能更真实地反映企业的偿付义务。依据表中计算结果可以看出，在公开发行股票之前，公司具有良好的流动性。2016年年末，速动比率接近1，现金比率超过0.5，说明流动性负债并不高；整体债务与有形资产净值的比率只有0.50，剔除递延收益影响后有形净值债务率只有0.37，说明总体负债水平不高。

表6-5 哈三联流动性指标　　　　　　　　单位：倍

项目	2013年	2014年	2015年	2016年	2017年
未剔除递延收益影响的流动性					
流动比率	0.73	1.12	1.24	1.25	5.10
速动比率	0.49	0.73	0.80	0.92	4.54
现金比率	0.21	0.37	0.38	0.52	1.37
有形净值债务率（债务/有形净值）	0.18	0.69	0.51	0.50	0.20
剔除递延收益影响的流动性					
流动比率	0.73	1.12	1.24	1.25	5.10
速动比率	0.49	0.73	0.80	0.92	4.54
现金比率	0.21	0.37	0.38	0.52	1.37
有形净值债务率	0.15	0.52	0.37	0.37	0.15

数据来源：公司年报。

(2) 分析盈利对负债的保障程度。如表 6-6 所示，从相关指标看，哈三联的盈利对负债的保障程度良好。例如，剔除递延收益影响后，2016 年息税折旧摊销前利润与负债之比达到 0.94，意味着一年经营收益几乎就可以偿还全部债务，经营现金净流量与负债之比达到 0.85，意味着经营现金净流入对偿债有良好的保障。

表 6-6　哈三联盈利对债务筹资的保障性　　　　　　单位：倍

项目	2013 年	2014 年	2015 年	2016 年	2017 年
未剔除递延收益影响					
息税折旧摊销前利润/负债合计	0	0.60	0.77	0.76	0.94
经营活动现金流量净额/负债合计	0.34	0.32	0.62	0.65	0.64
经营活动现金流量净额/流动负债	0.39	0.43	0.85	0.85	0.84
经营活动现金流量净额/非流动负债	245.32	130.97	225.44	268.63	271.93
息税折旧摊销前利润/利息费用	0	30.21	42.46	68.37	98.54
已获利息倍数（EBIT/利息费用）	21.05	25.13	34.43	53.68	77.41
现金流量利息保障倍数	0	14.58	30.76	49.77	44.81
息税折旧摊销前利润/带息债务	0	1.84	2.51	2.56	44.40
剔除递延收益影响					
息税折旧摊销前利润/负债合计	0.29	0.74	1.00	0.94	1.03
经营活动现金流量净额/负债合计	0.39	0.43	0.85	0.85	0.84
经营活动现金流量净额/流动负债	0.39	0.43	0.85	0.85	0.84
息税折旧摊销前利润/利息费用	0	30.21	42.46	68.37	98.54
已获利息倍数（EBIT/利息费用）	21.05	25.13	34.43	53.68	77.41
现金流量利息保障倍数	0	14.58	30.76	49.77	44.81
息税折旧摊销前利润/带息债务	0	1.84	2.51	2.56	44.40

数据来源：公司年报。

(3) 分析企业在购销活动中通过商业信用（即应收、应付项目）筹资的能力。从图 6-2 可以看出，在发行上市之前的三年间，哈三联在采购中享受的商业信用（即应付账款、应付票据）与存货的百分比基本在 100% 左右波动；而采购中享受的商业信用与全年累计现金支付的百分比在 30% 以上。综合起来，公司采购中赊购的比例高，赊购金额与年现金支付的比值低，说明公司有较强的商业信用筹资能力。

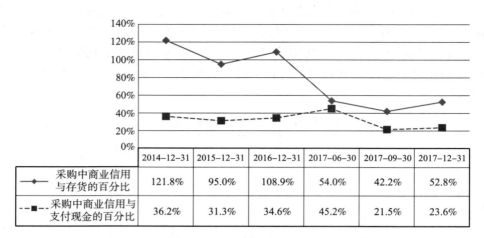

图 6-2 哈三联商业信用筹资能力

数据来源：依据公司年报数据计算。

3. 融资安排对公司价值的影响

1）上市筹资存在超额筹资可能

2017 年哈三联发行上市筹集资金净额高达 9 亿元，按照公司招股说明书的解释，这些资金主要用于补充企业流动资金和三个发展项目。

在不考虑上市带来的筹资以外的其他利益情况下，我们思考此次发行上市筹集的高额资金在经济上是否具有合理性？换言之，公司是否存在超额筹资问题？

为回答这个问题，我们首先测算了公司的营运资金需求，即业务正常增长情况下对日常资金需要量的测算。根据企业营业规模和相关费用比率、资产周转速度测算的企业营运资金需求如表 6-7 所示。按照 2017 年的营业规模，约需要营运资金 3.4 亿元，如果不考虑期间费用因素，营运资金需求仅为 1.2 亿元左右。

表 6-7 哈三联营运资金需求测算 单位：万元

项目	2014 年	2015 年	2016 年	2017 年
营业收入	68,152	72,202	76,087	114,883
营业总成本项目				
营业成本	28,744	27,586	29,005	29,670
税金及附加	820	913	1,431	3,229
销售费用	10,570	12,709	13,277	46,598

续表

项 目	2014 年	2015 年	2016 年	2017 年
管理费用	11,243	12,722	11,740	14,074
营业总成本（不含期间费用）	29,564	28,499	30,436	32,899
营业总成本（含管理、销售费用）	51,377	53,930	55,453	93,571
商业信用与商业债权项目				
应收票据	829	924	1,286	948
应收账款	8,497	7,079	7,645	16,584
预付款项	1,080	1,580	1,983	1,394
应付票据	1,192	1,000	—	735
应付账款	11,646	8,929	9,704	7,063
预收款项	1,365	1,802	2,070	4,387
存货	10,539	10,453	8,914	14,772
应收账款及票据周转天数	49	40	42	55
预付账款周转天数	13	20	23	15
应付账款及票据周转天数	156	125	115	85
预收账款周转天数	7	9	10	14
存货周转天数	128	132	105	162
净营业周期	27	57	47	133
核心营运资金需求（不考虑期间费用）	2,234	4,552	3,938	12,132
核心营运资金需求（考虑期间费用）	3,883	8,613	7,174	34,507

注：营动资金需求＝营业成本/(360/净营业周期)。

资料来源：根据上市公司公告数据计算。

其次，我们分析了公司扩张方面的资金需求。根据公司招股说明书等公告信息，公司筹资的理由主要是三个建设项目和流动资金补充（见表6-8），建设周期为1~3年，即2017—2020年，但查看公司在建工程和固定资产变动情况发现，两者在筹资后未发生大幅增加的情况（见图6-3）。按照募集资金使用计划推算，仅医药生产基地项目和工程技术研究中心项目，每年新增长期资产（在建工程、固定资产或无形资产）可达2.8亿元左右（依据公司募集资金使用计划推算）；而实际上2017年至2019年3月末，前述三项资产合计变动分别是-201.13万元、2,592.37万元和-594.55万元，与预期变动有较大差额。

表 6-8 哈三联上市募资计划用途

序号	项目	投资金额/万元	建设期	拟投入募集资金金额/万元
1	医药生产基地建设项目	92,354.00	36 个月	74,783.00
2	工程技术研究中心建设项目	10,545.00	36 个月	10,135.00
3	营销与服务网络中心项目	7,592.50	12 个月	5,093.90
4	补充流动资金	19,000.00	—	—
	合计	129,491.50	—	90,011.90

资料来源：上市公司公告。

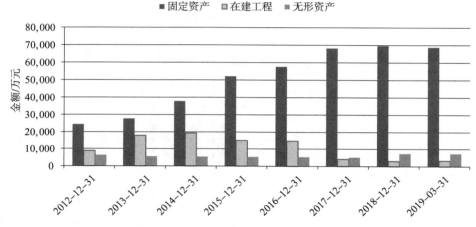

图 6-3 哈三联主要长期资产变动情况

资料来源：根据上市公司公告数据计算。

公司对募集资金使用情况在 2018 年年报中进行了说明（见表 6-9）。截至 2018 年年底，预计总投资 12.9 亿元的三个项目，募集资金累计投入仅 1.5 亿元，其中还包括 1.2 亿多元前期资金投入的置换，实际使用大幅少于招股说明书中的承诺。

对于其原因，年报中解释为："1. 公司于 2015 年年初完成募投项目设计及相关备案工作，2017 年 9 月募集资金到位。由于项目方案设计时间相对较早，医药行业发展环境发生了较大变化，在此背景下，公司对产品营销策略进行调整和优化，使得'营销与服务网络中心项目'进展有所放缓。因此，为了维护公司及全体股东的利益，公司经审慎研究论证，拟调整'营销与服务网络中心项目'的实施进度，预计项目达到预定可使用状态时间为 2019 年 12 月 31 日。该项《关于延长部分募投项目实施期限的议案》经公司第二届董事会第十六次会议审议通过。2. 受国家产业政策、市场环境变化和公司发展战略等因素影响，公司募集资金投资项目'医药生产基地建设项目''工程技术研究中心建设项目'的

表6-9 哈三联上市募集资金使用进度（截至2018年年底）

承诺投资项目和超募资金投向	是否变更	募集资金承诺投资总额/万元（1）	调整后投资总额/万元	本报告期投入金额/万元	截至期末累计投入金额/万元（2）	投资进度/%（3）=（2）/（1）	项目达到预定可使用状态日期
医药生产基地建设项目	否	74,783.00	74,783.00	1,625.88	14,126.63	18.89	2020年9月18日
工程技术研究中心建设项目	否	10,135.00	10,135.00	0	0	0.00	2020年9月18日
营销与服务网络中心项目	否	5,093.90	5,093.90	486.38	1,072.43	21.05	2019年12月31日
承诺投资项目小计	—	90,011.90	90,011.90	2,112.26	15,199.06	—	—

注：医药生产基地建设项目、营销与服务网络中心项目在募集资金到位之前已由公司利用自筹资金先行投入，截至2017年9月30日，公司自筹资金实际投资额12,688.12万元，经大华会计师事务所（特殊普通合伙）出具的"大华核字〔2017〕003735号"鉴证报告核验。2017年10月16日，公司第二届董事会第七次会议审议通过了《关于使用募集资金置换预先投入募投项目自筹资金的议案》，同意公司使用募集资金置换已预先投入募投项目的自筹资金，置换金额为12,688.12万元。

资料来源：上市公司公告。

实施进度较募投计划存在一定的滞后。"就影响最大的两个项目，公司并未给出具体滞后的原因，只是笼统地归因于产业政策和市场环境，声称公司调整了发展战略，但又未提出终止或部分终止两项目。客观而言，招股说明书陈述的两个项目募资必要性理由"医药市场快速增长，国家政策促进医药产业升级"的背景并未改变，因此，综合来看，可以初步推测公司发行上市筹集资金总额有可能超过了当前实际需求。

2）超额筹资降低了净资产收益率，承担了不必要的额外资金成本

假定基于以上信息分析的超额筹资问题成立，我们可以进一步分析它给公司价值带来的负面影响，主要包括以下方面：

（1）降低了财务杠杆，从而使权益资本回报率下降，进而影响了市场投资者对公司价值的判断。如图6-4所示，2017年较2016年，公司净资产收益率显著下降，由22.87%下降到13.81%，其原因除销售净利率下降的影响外，财务杠杆下降也是重要的一方面，权益乘数由1.44下降到1.27，使净资产收益率下降了1.85个百分点。具体测算如下：

基准2016年 ROE = 23.02% × 0.69 × 1.44 = 22.87%

代入2017年资产周转率（本案例中未发生变化）：

ROE = 23.02% × 0.69 × 1.44 = 22.87%

再代入2017年的销售利润率：

ROE = 15.76% × 0.69 × 1.44 = 15.66%

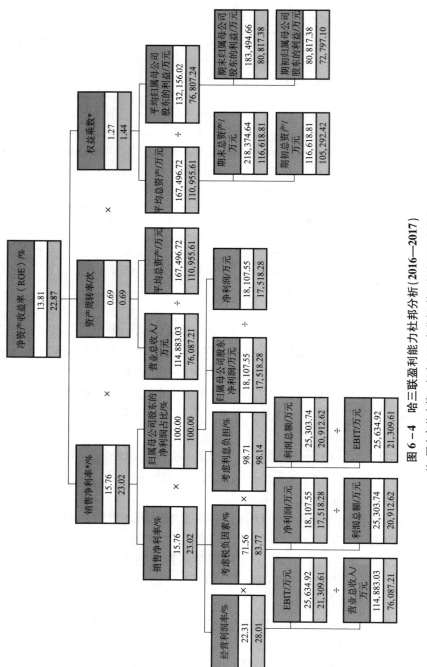

图 6-4 哈三联盈利能力杜邦分析（2016—2017）

注：图中各格中第一行为 2017 年指标，第二行为 2016 年指标。
资料来源：万德数据。

最后代入 2017 年的权益乘数：
$$ROE = 15.76\% \times 0.69 \times 1.27 = 13.81\%$$
由于权益乘数改变导致净资产回报率下降的幅度为 13.81% - 15.66% = 1.85%。

（2）企业承担了不必要的额外资金成本。公司在 2016 年及以前，流动性负债与非货币性流动资产的资金占用之间基本匹配，在 1.16∶1 到 1.36∶1 之间，可认为属于配合型筹资策略。如果维持该筹资策略，即维持 2016 年资本结构基本不变（表 6 - 10），在 2017 年则可节省资本成本约 2,000 万元（详细测算见表 6 - 11）。

表 6 - 10　哈三联维持 2016 年资本结构不变时的筹资来源分布

项目	2016 年资本来源/万元	2016 年资本结构比率/%	2017 年筹资来源（按 2016 年资本结构，考虑新增营业资金和平稳投资需求）/万元
商业信用	11,774	10.1	18,379
短期银行借款	10,600	9.1	16,546
待付费用	3,234	2.8	5,048
其他应付款（销售押金、应付运营费等）	1,588	1.4	2,479
递延收益	8,605	7.4	13,432
全部负债融资合计	35,801	30.7	55,884
股权融资	45,220	38.8	70,586
留存收益	35,597	30.5	55,565
权益融资合计	80,817	69.3	126,151

资料来源：依据上市公司年报和资金需求推算。

表 6 - 11　哈三联 2017 年维持资本结构不变时的筹资成本测算

项目	维持资本结构不变时的筹资成本 2017 年	实际筹资成本 2017 年	实际筹资成本 2016 年
银行借款成本		5.3%	4.7%
借款平均余额	13,573 万元	9,450 万元	9,800 万元
利息支出（按 2017 实际利息负担率）	716 万元	499 万元	465 万元
股权融资成本		8.0%	16.5%
普通股权益资本平均余额	103,484 万元	131,446 万元	76,807 万元
普通股股利（按 2017 年实际权益资本成本率）	8,308 万元	10,553 万元	12,664 万元
合计	9,025 万元	11,052 万元	13,129 万元
差额	-2,027 万元		

资料来源：依据上市公司年报推算。

第七章
财务风险与公司价值

一、财务风险的内涵与影响

(一) 财务风险的内涵

1. 财务风险概念

目前对财务风险概念有不同的理解,从内涵角度讲,有两类比较流行的理解:一类是从后果角度的理解,把财务风险理解为财务困境、财务危机、财务失败,例如,企业发生严重亏损、现金流生成能力弱、企业削减股利、贷款违约、资不抵债、破产清算等;另一类是从事前角度、从风险的本义角度出发的理解,即把风险理解为一种不确定性,因而将财务风险解释为出现财务损失的可能性,指企业受各种不确定性因素影响后,企业预期收益发生偏离,导致企业蒙受财务损失,出现财务困境的可能性。本书认为采用第二种理解更符合风险的内涵,也更具有管理实践上的意义,它更强调事前的分析、预测、防范。

就财务风险涉及的内容,也有广义与狭义的两种理解。广义的企业财务风险将企业各种经济活动所可能产生的不利财务后果都纳入其中,包括筹资风险、投资风险、营运资金管理风险等。狭义的财务风险是指企业陷入财务困境,不能偿还到期债务而引起的破产经营失败的风险,它强调的是企业流动性丧失和偿债能力丧失,企业经营活动产生的现金流不足偿还到期负债,或者资不抵债。本书认为上述广义的定义涉及内容过于广泛,不利于抓住财务风险管理的关键点,而应采取狭义的概念。根据这一概念,企业流动性的恶化或丧失是其直观表现,存在到期债务是其前提,而企业经营不良、现金创造能力不足是其根源。

2. 财务风险要素

若采用狭义的观点,关注财务风险重点就是要关注其负债质量以及负债偿还的保障程度。相应地,财务风险要素需要关注的项目主要包括以下方面:

1）负债质量方面

（1）流动负债质量，涉及短期借款、应付票据、应付账款、预收款项、应付手续费及佣金、应付职工薪酬、应交税费、应付利息、应付股利、其他应付款等。流动负债与营业活动关系密切，在管理不善的情况下容易"因小失大"。例如短期借款通常用于补充企业的流动资金，其他应付款项目反映企业所有应付和暂收其他单位和个人的款项，如应付租入固定资产的租金、包装物的租金、存入保证金，这些项目若突然出现缺口容易对日常业务形成较大冲击。

（2）长期负债质量，涉及长期借款、应付债券、长期应付款、专项应付款。专项应付款反映企业取得政府作投入的具有专项或特殊用途的款项，如企业取得的科技经费政府拨款，项目实施期超过 1 年的，一般不够成偿还压力。其他非流动负债中，递延所得税负债、递延收益不形成企业偿还压力。

（3）或有负债和预计负债，如担保、未决诉讼、应收票据贴现、应收账款抵借，是容易被忽略的风险点。或有负债并不在资产负债表中体现，企业对或有负债的估计也难以精确，但一旦出现可能给企业流动性造成较大压力，如为被担保方代偿贷款，对于已贴现商业承兑汇票形成的或有负债，因产品质量、担保、专利权被侵犯等原因引起的诉讼赔偿等。关注或有负债的风险重点是要关注引起或有负债的原因，它们有的是因外部经济环境变化而引起的，有的是企业正常经营活动所附带的，如质量保证等所引起的或有负债，有的是企业自身管理不善所致。

2）对负债偿还保障程度

偿还到期债务的经济资源可来自三个方面，变现现有资产获得的现金、企业盈利流入的现金和从外部筹资获得的现金，因此，企业当期和未来的流动性均可能在这三个方面予以关注：

（1）变现资产对债务的保障程度：这是一种资产质量角度的流动性评价，常用指标有流动比率、速动比率、现金比率和资产负债率等。

（2）现金创造对债务的保障程度：这是一种盈利质量角度的流动性评价，常用指标有已获利息倍数，EBITDA 与带息债务比值等。

（3）新增筹资对债务的保障程度：这是一种筹资能力角度的流动性评价。

（二）财务风险与财务杠杆的关系

如前文所述，狭义上的财务风险来源于债务筹资，指流动性丧失而不能偿还到期债务，陷入财务困境的可能性。负债是产生财务风险的前提，而负债的运用就涉及财务杠杆问题，从技术角度讲，企业财务风险是财务杠杆作用的结果。所谓财务杠杆指在企业的筹资总额中，由于使用债务资金（资本成本相对固定的资金来源）而对企业权益资金收益产生的影响。财务杠杆可分为正财务杠杆和负财务杠杆两种情况。正财务标杆能够使企业权益资本利润率上升，而负财务杠杆使得企业权益资本利润率下降。

财务杠杆系数的计算有两种公式：

（1）按照定义使用两期数据计算，即：财务杠杆系数＝普通股每股收益变动率/息税前利润变动率，用符号表示就是：

$$DFL = (\Delta EPS/EPS)/(\Delta EBIT/EBIT)$$

式中：DFL 为财务杠杆系数；ΔEPS 为普通股每股利润变动额；EPS 为变动前的普通股每股利润；$\Delta EBIT$ 为息税前利润变动额；EBIT 为变动前的息税前利润。

（2）使用基期数据的计算公式，即：

由
$$EPS = (EBIT - I)(1 - T)/N$$
$$\Delta EPS = \Delta EBIT(1 - T)/N$$
得
$$DFL = EBIT/(EBIT - I)$$

式中：I 为利息，T 为所得税税率，N 为流通在外普通股股数。

两种公式计算的结果有时会存在差异，因为基于基期数据的计算公式存在应用的一些先决条件，即发行在外股份数、税率、利息负担基本稳定等。

一般认为财务杠杆越高，财务风险越大，因此在理论上和实务中，常用财务杠杆来评估企业财务风险的大小。不过，通过上面公式 $DFL = (\Delta EPS/EPS)/(\Delta EBIT/EBIT)$ 可知，财务杠杆对财务风险的影响不仅与利息费用（取决于债务融资规模和利率）有关，也与息税前利润的增长有关，而后者取决于投资产生收益的情况；因此，如果从下侧风险角度（损失的可能性）理解财务风险，财务标杆提高不一定就意味着财务风险增加。例如，如果企业经营的投资收益率大于负债的利率，负债产生的利息就会低于息税前利润的增长，存在正财务杠杆，并不代表风险增加；相反，若是投资收益率等于或小于负债利率，那么负债的效果就是消极的，此时，负债越多，损失越大，权益资本收益率就会越低，财务风险越大。但如果是从波动性角度理解财务风险，则无论是正财务杠杆还是负财务杠杆，财务杠杆越高则意味着财务风险越高。

（三）财务杠杆对公司价值的影响

在理论上，财务杠杆以及其所表征的财务风险对公司价值的影响实际存在双重性，即约束效应和治理效应，前者不利于公司价值提升，而后者则有利于公司价值提升。

约束效应是指当企业财务杠杆上升时，由负债过多使企业从外部获得新筹资的难度增加，筹资困难会限制企业投资，从而可能降低企业的利润。治理效应是指财务杠杆在公司治理机制中所发挥的作用。现代公司两权分离产生了两类代理问题：一类是股东与管理层的利益冲突，另一类是大股东与中小股东之间的利益冲突。两类冲突都会降低公司价值。财务杠杆上升形成的风险压力，可以减少管理层过度投资冲动。如 Lang、Ofek 和 Stulz（1996）、Aivazian（2005）、唐雪松、周晓苏和马如静（2007）、姚明安和孔莹（2008）等都证实了财务杠杆对企业过度投资具有约束效应,在低成长性企业中较为显著。同时,负债引入了债权人监督,债务契约和债权人监督对企业资金使用会形成一定限制。Jensen(1986)的研究指出债务筹资减少了企业的自由现金流,从而提高了公司价值。Agion 和 Bolton(1992)指出,债务导致公司破产的威胁增加,而股东权益在企业破产后会大幅贬值,这使得企业在经营上更加有效地利用资金,从而有利于公司价值的提升。Diamond(1984)认为,银行作为集中的资金提供者,有动力和能力搜集企业信息,监督企业运作,从而使得负债成为一种有效率的治理机制。但是,不同的企业对债务治理的反应程度不同,治理作用效果也就会不同。有研究指出产权因素会影响到债务治理效应,例如国有企业通常存在"预算软约束"问题,在银行贷款方面可能仍然摆脱不了"预算软约束"带来的负面影响。换言之,国有企业从银行贷款再多可能也感受不到破产的压力,仍可能进行无效率的规模扩张,贷款到期可以与银行进行再谈判,这形成严重的道德风险,从而损害公司价值。

现实中财务杠杆对公司价值的影响到底如何?现有的基于实证方法研究得到的结论并不一致。例如,陈小悦和徐晓东(2001)的研究结果显示我国上市公司的长期财务杠杆与企业绩效之间不存在显著正相关关系;田利辉(2004)则发现,随着银行贷款规模的增大,企业效率和公司价值下降。国有控股上市公司财务杠杆比率与公司价值负相关,民营控股上市公司财务杠杆比率与公司价值则正相关(王力军,2006)。结果不一致的主要原因应该与财务杠杆作用于公司价值的渠道比较间接、受很多其他因素干扰相关,因此本文借助案例具体分析财务风险对公司价值的影响。

二、财务风险对公司价值影响的案例分析——基于莲花健康

1. 案例公司简介

莲花健康全称为莲花健康产业集团股份有限公司,原为河南莲花味精股份有限公司,创建于1983年,于1998年8月在上海证券交易所挂牌上市,是当时国务院重点扶持发展的520家企业之一。2014年10月29日,浙江睿康投资与公司原股东项城市天安科技签订《股权转让协议》,天安科技通过协议转让的方式向睿康投资转让其持有的公司10.36%股份,睿康投资成为公司第二大股东。睿康投资的股东为夏建统和杭州慧谷投资有限公司,夏建统同时持有杭州慧谷投资99.00%的股权。睿康投资先后多次增持莲花健康股份,增持后睿康投资持股比例为11.78%(前十大股东持股情况详见表7-1),夏建统成为公司实际控制人。2016年9月26日经河南省工商行政管理局批准,公司名称变更为莲花健康产业集团股份有限公司。

表7–1 莲花健康的十大股东明细

排名	股东名称	期末参考市值/亿元	持股数量/股	占总股本比例/%
1	浙江睿康投资有限公司	2.60	125,122,472	11.78
2	河南省农业综合开发有限公司	0.51	24,395,573	2.30
3	UBS AG	0.27	12,795,300	1.20
4	项城市天安科技有限公司	0.20	9,580,284	0.90
5	张晓峰	0.20	9,484,855	0.89
6	董晓艳	0.11	5,307,878	0.50
7	叶继革	0.09	4,386,400	0.41
8	董凤山	0.08	4,044,300	0.38
9	韩志强	0.08	4,000,000	0.38
10	梁志山	0.08	3,978,400	0.37
	合计	4.22	203,095,462	19.11

注：数据截至2019年1季度末。

资料来源：上市公司公告。

公司致力于食用调味品的研发、生产与销售，已形成以味精、鸡精为主导，以调味品系列、植物蛋白系列和小麦面粉系列产品组合为辅的绿色产品结构。调味品系列主要包括"莲花"牌味精、"莲花"牌鸡精、"九品香"调味料等产品，植物蛋白系列主要包括小麦谷朊粉产品，小麦面粉系列主要为"六月春"牌面粉，其中，味精为公司核心产品。按照公司2018年年报，公司主营构成是：味精占比56.04%，面粉占比21.38%，鸡精占比14.23%，其他食品占比3.38%，副产品占比2.42%，其他业务占比1.68%，复合肥占比0.88%。公司近年经营一直处于盈亏临界线附近，若剔除非经常损益则一直处于亏损状态，如表7–2所示。

表7–2 莲花健康的财务数据摘要

项目	2013年	2014年	2015年	2016年	2017年
总营业收入/亿元	21.57	20.05	17.76	17.67	18.53
同比/%	−15.19	−7.03	−11.4	−0.54	4.88
营业利润/亿元	−3.52	−2.4	−8.67	−2.72	−1.49
同比/%	−27.6	31.73	−261.01	68.57	45.40
利润总额/亿元	−3.49	0.17	−8.73	0.21	−1.37
同比/%	−1,351.14	104.73	−5,386.68	102.42	−749.17
归属母公司股东的净利润/亿元	−3.29	0.24	−5.08	0.65	−1.03

续表

项　　目	2013 年	2014 年	2015 年	2016 年	2017 年
同比/%	-1,000.15	107.25	-2,230.28	112.83	-258.52
EBIT/亿元	-2.74	-2.29	-8.09	-1.89	-1.57
EBITDA/亿元	-1.62	-1.39	-7.32	-1.22	-1.1
总资产/亿元	27.07	26.36	22.46	20.76	18.89
总负债/亿元	21.69	20.78	22.34	20.46	20.00
股东权益/亿元	5.37	5.59	0.12	0.30	-1.11
经营活动现金流量/亿元	0.71	-0.39	0.05	-0.30	-0.31
投资活动现金流量/亿元	-0.58	0.2	-0.08	-0.13	1.24
筹资活动现金流量/亿元	-0.22	0.15	-0.10	0.51	-1.08
现金净流量/亿元	-0.09	-0.04	-0.13	0.08	-0.16
销售毛利率/%	2.40	5.70	4.61	9.96	10.83
销售净利率/%	-16.19	0.82	-30.78	1.01	-7.59
EBIT Margin/%	-14.68	2.54	-46.72	3.54	-4.98
EBITDA Margin/%	-9.48	7.02	-42.39	7.32	-2.44
ROE（摊薄）/%	-57.06	3.98	-556.61	47.43	-302.95
ROA/%	-12.65	0.62	-22.4	0.83	-7.09
资产负债率/%	80.15	78.81	99.47	98.56	105.86
资产周转率/次	0.78	0.75	0.73	0.82	0.93
EPS（稀释）/元	-0.31	0.02	-0.48	0.06	-0.10
EPS（基本）/元	-0.31	0.02	-0.48	0.06	-0.10
扣非后 EPS（基本）/元	-0.31	-0.25	-0.47	-0.15	-0.17
每股净资产/元	0.54	0.56	0.09	0.13	0.03
每股销售额/元	2.03	1.89	1.67	1.66	1.74
每股经营现金流/元	0.07	-0.04	0	-0.03	-0.03

资料来源：万德数据。

2. 莲花健康的财务风险问题

1）债务水平较高，偿债压力大

莲花健康近年的负债率一直处于上升中（见图 7-1），2015 年至 2017 年，公司资产负债率分别为 99.5%、98.6%、105.9%，流动比率分别为 0.33、

0.31、0.29。截至2017年12月31日，公司负债合计20亿元，甚至超过了资产价值。更严重的是，总体负债中流动负债占绝大部分，图中最低的2005年也达88.8%，到2017年更是高达98.9%；换言之，负债几乎全部是流动负债，偿债压力非常巨大。资产负债表显示，在2005年年末公司仍有25,932万元的长期借款余额，到2009年就降到了2,000万元，2016年和2017年长期借款余额则为零，说明公司已缺乏长期负债筹资能力。

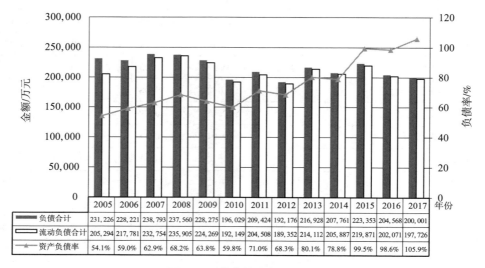

图7-1　莲花健康负债趋势

数据来源：依据公司年报数据计算。

在流动负债中，应付费用和其他应付款是主体，如图7-2所示。具体项目中，依据公司年报数据，应付利息、账龄较长的应付账款金额较大，短期借款和应付利息多数已逾期，应付职工薪酬金额较高，主要为应付职工社保。债务负担沉重，部分债权人已经采取了法律诉讼措施。在2017年，短期借款占比明显下降，由期初余额3.27亿元下降到期末余额7,361万元，下降原因并非债务偿还所致，而是由公司一批在2005年至2006年向上海浦东发展银行郑州分行及上海浦东发展银行郑州城东路支行合计借款2.50亿元的已逾期债务，债权方进行了不良贷款处置，债权多次转让后所致，债权人已变更为安徽国厚金融资产管理有限公司。按照会计准则要求，公司将该项债务由短期借款转入其他应付款。年报披露，公司其他应付款合计9.4亿元，其中，往来款6.4亿元。

2）大量债权资金难以回笼，大量债务亟待支付

2017年年报中，公司与联营企业存在较多资金往来。公司对河南莲花天安食业有限公司的应收账款期末余额为1,642万元、预付账款期末余额为5,638万元、其他应收款期末余额为3,192万元，合计金额1.04亿元；对莲花糖业的其他应收款期末余额为2,319万元。该类债权实际难以收回，因为根据披露的信

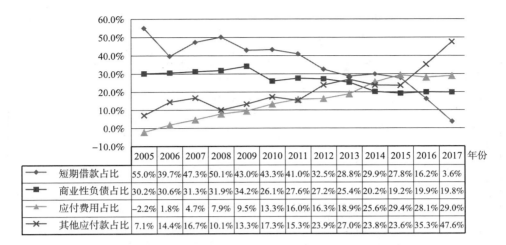

图 7-2 莲花健康流动负债构成

数据来源：依据公司年报数据计算。

息，天安食业经营亏损，目前已不再生产，仅开展贸易业务；莲花糖业经营亏损，也已不再生产。两企业都属于老企业，并且公司技术改造的新项目需要占用天安食业的土地，因此对于两个企业困难给予支持，造成账面上的其他应收款资金占用，实际难以收回。公司还有高达 6.18 亿多元的逾期 4 年以上应收账款，收回无望。在全部 8.47 亿元应收账款中，已计提坏账的就高达 6.63 亿元。此外，公司 2017 年年末的商业性负债（应付账款、票据）和应付费用项目、其他应付款合计高达 19 亿元，其中已被追诉且法院判决执行的项目就高达 3.4 亿元，如表 7-3 所示。

表 7-3 莲花健康已被判决待执行债务（截至 2017 年年末） 单位：元

原告（债权人）	涉案金额	账面负债金额	其中：预计负债金额	其中：应付款项金额
中央粮库平顶山直属库	1,302,066.08	1,423,665.44	791,387.36	632,278.08
农行安阳龙安区支行	1,548,939.58	1,548,939.58	1,548,939.58	0
河南神马氯碱化工股份公司	2,651,650.04	2,688,468.04	2,342,068.78	346,399.26
周口市城市信用社股份有限公司	2,793,880.00	2,793,880.00	33,880.00	2,760,000.00
上海浦东发展银行	243,422,970.63	362,183,712.62	0	362,183,712.62
河南东方粮食贸易公司	18,350,822.21	18,350,822.21	11,398,049.41	6,952,772.80
周口市华杰商贸有限公司	109,897.00	128,092.13	18,195.13	109,897.00

续表

原告（债权人）	涉案金额	账面负债金额	其中：预计负债金额	其中：应付款项金额
北京国浩律师事务所	314,847.00	314,847.00	314,847.00	
河南项城国家粮食储备库	8,753,967.02	8,859,090.02	2,883,281.54	5,975,808.48
中国长城资产管理公司郑州办事处	40,737,564.52	22,403,732.70	252,302.00	22,151,430.70
漯阜铁路有限责任公司	5,353,437.50	5,261,800.00		5,261,800.00
袁宝灵、时辰玉等45人	2,883,846.00	3,546,268.95		3,546,268.95
中国农业银行项城支行	14,098,639.94	13,999,339.94		13,999,339.94
孙力源	172,877.00	172,877.00	172,877.00	
合计	342,495,404.52	443,675,535.63	19,755,827.80	423,919,707.83

3）多年来处于"微盈巨亏"的循环中，缺乏化解财务风险的内在能力

如图7-3所示，公司多年来亏损与盈利基本是间隔出现，而盈利金额较低，亏损金额较大。如果剔除非经常损益，实际上公司2007年以来一直处于亏损中，年亏损金额在1.7亿元到5.4亿元之间，2017年净利润为-1.41亿元。另外，从经营现金流产生和股东净权益角度看，如表7-4所示，2016—2017年，公司现金流量对利息、对债务的比值已为负数，因而可以判断公司自身"造血"功能不足，前述巨额负债形成的财务风险缺乏内在化解能力。

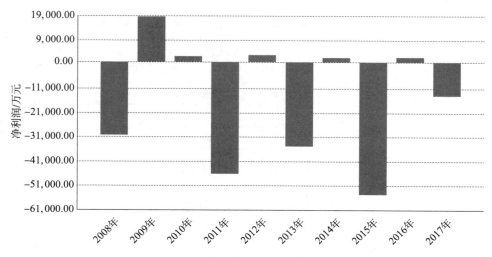

图7-3 莲花健康净利润变动趋势

表7-4 莲花健康现金流、股东权益对债务的保障程度

项　　目	2012年	2013年	2014年	2015年	2016年	2017年
现金流量利息保障倍数	0.64	1.27	-0.63	0.09	-0.60	-0.58
归属母公司股东的权益/负债合计	0.47	0.27	0.29	0.04	0.07	0.02
归属母公司股东的权益/带息债务	1.01	0.62	0.62	0.09	0.24	0.10
有形资产/负债合计	0.18	-0.02	0.01	-0.36	-0.35	-0.40
经营活动产生的现金流量净额/负债合计	0.01	0.03	-0.02	0.00	-0.01	-0.02
EBITDA/利息费用	9.62	-6.28	4.08	-17.57	3.13	-1.01

为化解财务风险，公司从外部资源角度进行了多方努力，主要有三个方面：

（1）依靠关联方进行资金拆借，以解公司燃眉之急。例如，2017年，公司收到的其他与经营活动有关的现金合计2.04亿元，其中，往来款项与其他1.99亿元；公司支付的其他与经营活动有关的现金合计2.27亿元，其中，往来款项及其他1.05亿元。这1.99亿元的往来款项流入和1.05亿元的流出主要是临时资金拆借所致。

（2）与债权银行进行债务重组，以化解历史借款和利息形成的财务压力。经过近10年努力，公司已通过债务重组方式解决了工商银行、建设银行、农业发展银行、光大银行等金融机构的欠款。例如，根据公司与工商银行的债务重组安排，公司于2016年10月9日归还工商银行项城支行资金1.78亿元，而工行则将剩余本息2.54亿元作销账处理。也正是基于这笔债务重组形成的2.54亿元非经常损益，公司2016年才得以实现净利润由亏转盈。对于目前剩余少部分金融机构的逾期债权，公司拟通过大股东资金拆借来解决。

（3）通过处置土地以解决历史负担问题。公司是由原国有企业改制成立的，承接了庞大的人员负担，职工社保政策实施后，企业肩负繁重的职工社保缴纳责任，欠缴的部分职工社保缴费构成了流动负债中重要部分。针对这一问题，企业积极与所在地市政府协商，将公司在市中心的厂房和总部机构全部搬迁到产业园，市中心的999亩工业用地由政府收回，处置后的政府收益部分，首先用于解决好企业职工安置问题，以付清所欠社保。2017年，公司就有三宗共193.1亩土地被收回，当年收到政府拨付的三宗土地征收补偿款和土地附属物补偿款8,396.57万元和土地出让金政府净收益1,193.43万元，公司将上述款项9,590万元用于偿还欠缴的社保。

然而，相对于2017年年末尚余的20亿元负债，上述努力对于根本扭转财务困境仍存在较大的差距。

3. 财务风险形成的原因

1) 历史负担大，欠缴社保费用成为公司流动负债重要部分

如图 7-4 所示，公司自 2006 年始，应付职工薪酬期末余额不断攀升。这一方面是因为公司自 2003 年出现上市后的首度亏损后，盈利和现金流创造能力一直未从根本上改善，支付能力下降；另一方面是欠缴的社保费用不断累积。例如在 2014 年年报中，应付职工薪酬期末余额为 1.49 亿元，其中欠缴的养老保险费就高达 1.03 亿元；在 2017 年，应付职工薪酬期末余额为 2.88 亿元，占其全部负债的 14.4%，其中欠缴的社保费用为 2.34 亿元。

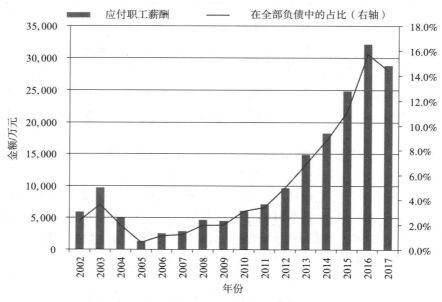

图 7-4　莲花健康的应付职工薪酬变动趋势
数据来源：依据公司年报数据计算。

2) 主业盈利能力下降，自身"造血"功能不足

公司是老牌调味品生产企业，拳头产品味精的产销规模居国内第二。公司具备年产 30 万吨味精的生产能力，其中大包装味精（主要用于食品工业原料）产能 20 万吨，小包装（主要用于家庭消费）产能 10 万吨，公司小包装产销量为全国第一。公司味精的国内市场占有率达到 12%，出口占国内味精总出口量的 80% 以上。公司围绕味精主业进行业务拓展，拥有年产 4 万吨谷朊粉、5 万吨葡萄糖、20 万吨复合肥、30 万吨面粉的能力。

味精等调味品消费量虽然不断增长，但受制于消费升级、同行竞争等因素，味精价格不能随着原材料价格的提高而相应提升，使产品利润空间收窄。如图

7-5所示，公司味精产品销售份额虽有所下滑，但始终占销售的主体，到2018年仍占据全产销售的56%，但其毛利率已由早期的27%下降到10%左右的水平。同行企业梅花生物的味精销售毛利率高于莲花健康，但也呈明显下滑趋势，由2010年的32.89%下降到目前20%左右的水平。在三条主要产品线中，鸡精毛利率较高，但受产能限制，鸡精的销售占比始终不高，在2018年只占公司全部销售的14%。公司第二大主业面粉、谷朊粉同样是微利产品。因此，总体上，公司主业盈利能力下滑明显。

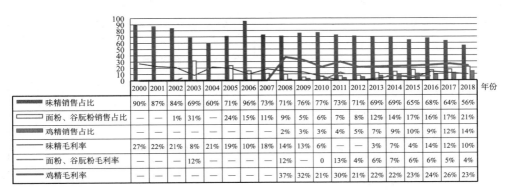

图7-5 莲花健康销售结构和产品毛利率

数据来源：依据公司年报数据计算。

3）上市初期激进的负债融资

公司于1998年6月首次公开发行时，募集股权资金6.8亿元，招股说明书中规划的投资项目共有十五大项（见表7-5），包括：兼并安阳市汤阴玉米综合实验厂，技改扩建年产4万吨谷氨酸钠生产线项目，利用玉米废渣生产高纤维全价饲料技术改造项目，五万立方米好氧废水工程处理项目，年产6万吨液氨技改及离交废水处理综合利用项目，年产1.5万吨再生活性炭技改项目，年产2.5万吨黄粉精制生产线技改项目，年产一万吨香辛酱料生产线项目，年产一万吨天然系列调味品生产线项目。共需资金10.998,2亿元，资金缺口计划通过银行贷款解决。大部分项目建设期为一年左右，投资回收期为3~5年，按照该规划，这些项目基本都属于投资见效快的项目。

表7-5 莲花健康IPO募集资金使用承诺　　　　　　单位：万元

项目名称	投资总额	投资计划	
		1998年	1999上半年
技改扩建年产4万吨谷氨酸钠生产线项目	15,830	9,114	6,716
利用玉米废渣生产高纤维全价饲料技术改造项目	11,714	6,662	5,052
五万立方米好氧废水工程处理项目	12,000	12,000	

续表

项目名称	投资总额	投资计划	
		1998 年	1999 上半年
年产 6 万吨液氨技改及离交废水处理综合利用项目	17,600	17,600	
年产 1.5 万吨再生活性炭技改项目	3,640	3,640	
年产 2.5 万吨黄粉精制技改生产线项目	3,887	3,887	
年产 1 万吨香辛酱料生产线项目	3,809	3,809	
年产 1 万吨天然系列调味品生产线项目	3,822	3,822	
年产 3 万吨淀粉技改项目	4,150	4,150	
2 万吨葡萄糖浆技改项目	3,200	3,200	
1 万吨变性淀粉技改项目	4,750	4,750	
年产 5,000 吨赖氨酸技改项目	4,860	4,860	
年产 1 万吨精制玉米油技改项目	4,600	4,600	
水、电、气技改配套工程项目	6,580	6,580	
废水处理及综合利用技改项目	5,040	5,040	

数据来源：公司年报。

项目实际执行中，除五项投资变更外，其余基本按期执行。变更项目是：放弃年产 1 万吨香辛酱料生产线项目和 1 万吨变性淀粉技改项目，所涉及募集资金用于购买河南莲花味精集团有限公司持有的河南项城佳能热电有限责任公司 60% 的股权；放弃年产 2.5 万吨黄粉精制技改生产线项目、年产 1 万吨精制玉米油技改项目以及年产 5 000 吨赖氨酸技改项目，所涉及募集资金用于投资河南漯河至周口高速公路项目。

2001 年 2 月公司又进行了一次公开增发，募集资金 7.3 亿元。资金计划用于三大类 11 个项目。

（1）技改类。包括：引进国际 CX-O 法谷氨酸提取工艺技术改造工程，总投资 4,074 万元；采用国际下番连续结晶工艺技术改造工程，总投资 3,093 万元；年产 20 万吨小麦淀粉技术改造工程（替代玉米），以减少因玉米浸泡、淀粉分离产生的大量有机废水，同时将淀粉收率将由目前的 65% 提高到 76%，副产品收率由目前的 23% 提高到 24%，淀粉成本明显下降，淀粉质量大大提高，总投资 19,380 万元；年产 10 万吨淀粉专用面粉生产线（味精原料），总投资 3,580 万元；年产 50 万吨饲料加工项目——味精工业副产品及下脚料综合利用，总投资 15,800 万元；生物技术研究中心工程项目，总投资 3,144 万元。

（2）生物工程类项目，总投资 11,533 万元。

（3）市场建设类项目，包括投资 3,144 万元在全国新建 45 个产品配送中心，投资 4,000 万元的网络工程项目。

上述两次股权融资为公司拓展产品线，提升生产技术水平，打造长期发展能力，逐步消化历史负担提供了良好基础。然而，公司在主业拓展相关项目资金需求大，存在资金缺口（例如 IPO 中承诺项目就存在约 4.2 亿元缺口）的情况下，变更资金用途 2.19 亿元，用于与主业无关的热电和高速公路项目，进一步扩大了主业发展的资金缺口。缺口资金主要需要依赖负债解决，负债增加提高了公司财务杠杆（见表 7-6）；杠杆上升虽有利于提高股东回报率，但也因此降低了企业抗风险能力。

表 7-6　莲花健康上市初期财务杠杆情况

项　　目	1999 年	2000 年	2001 年	2002 年	2003 年	2004 年	2005 年
流动负债增加/万元	35,461	13,516	63,516	47,335	14,044	-7,409	-17,247
长期借款增加/万元	25,813	27,581	-2,908	-22,755	4,633	-8,952	-4,480
负债增加/万元	61,274	41,097	60,607	24,580	18,677	-16,361	-21,727
股本/万股	60,000	60,000	68,000	88,400	88,400	88,400	88,400
财务杠杆系数	-1.05	0.13	1.19	1.40	4.06	0.73	0.83

本案例的突出表现就是负债过快增长后，当市场出现显著不利变化时，企业缺乏风险抵御能力，出现大额亏损，随后颓势一直难以根本扭转。公司上市后首次巨亏出现在 2003 年，当年管理层预期公司可以持续前两年上升势头，乐观地预计 2003 年度主营业务收入同比将增加 15% 以上，并且公司认为 2001 年和 2002 年的原料替代试运营（以小麦淀粉替代玉米淀粉）成功，能够降低 2003 年主业成本。然而，2003 年突如其来的"非典"疫情，使公司销售收入不升反降了 4%，次年进一步下降了 19%；同时，由于 2003 年全国小麦和玉米的大幅减产，下半年特别是第四季度，小麦价格涨幅较大，技改形成的成本优势消失，而味精市场价格由于市场的激烈竞争不涨反降，造成公司 2003 年度出现亏损 1.4 亿元。此后，企业营业收入虽有起落，但营业利润再无明显起色。2008 年，原辅材料大幅上涨，国际经济危机，国家取消味精出口退税政策，人民币大幅升值，国内味精企业竞争加剧等不利因素叠加，企业后续经营困难进一步加大。如表 7-7 所示，2004—2006 年营业利润小额为正，之后除个别年份亏损较少外，基本每年亏损 1.5 亿~5 亿元。同期，企业筹资能力不断下降，筹资活动现金净额除少数年份为正外，基本都是净流出。在亏损初期的 2004、2005 每年还能够有 8.5 亿元、5.2 亿元的借款现金流入，但同时又有 9.7 亿元、6.4 亿元的偿债现金流出；之后除 2012 年、2015 年有大笔的债务现金流入、流出外，其他年份债务现金流入很少，偿还债务也很少，在上市初期 1999 年到 2003 年大笔借入的债务资金约 20 亿元始终无力显著降下来，导致债务风险不断积累。

表 7-7 莲花健康偿债压力与现金流量对比

项 目	2002年	2003年	2004年	2005年	2006年	2007年	2008年	2009年	2010年	2011年	2012年	2013年	2014年	2015年	2016年	2017年
流动负债合计/万元	215,906	229,949	222,540	205,294	217,781	232,754	235,905	224,269	192,149	204,508	189,352	214,112	205,887	219,871	202,071	197,726
非流动负债合计/万元	34,731	39,364	30,412	25,932	10,440	6,040	1,655	4,005	3,881	4,917	2,824	2,815	1,874	3,483	2,497	2,275
其中:长期借款/万元	34,731	39,364	30,412	25,932	10,440	5,240	0	2,000	2,000	2,000	1,000	1,000	0	1,000	0	0
负债年增加额/万元	24,580	18,677	-16,361	-21,727	-3,005	10,573	-1,233	-9,286	-32,245	13,395	-17,248	24,751	-9,167	15,593	-18,785	-4,567
负债率/%	54	58	56	54	59	63	68	64	60	71	68	80	79	99	99	106
营业利润/万元	2,839	-13,139	40	1,883	2,293	-17,615	-35,407	-1,376	-23,410	-51,006	-27,554	-35,160	-24,005	-86,660	-27,241	-14,899
经营活动现金净流量/万元	8,513	-25,547	-23,408	8,319	910	2,582	-27	6,652	6,650	1,442	2,785	7,116	-3,871	515	-3,021	-3,128
筹资活动现金净流量/万元	-10,528	-8,568	-11,877	-11,133	-8,019	-679	-87	-1,118	-4,542	1,979	5,006	-2,171	1,523	-1,022	5,123	-10,787
其中 筹资活动现金流入/万元	88,996	70,642	85,445	52,710	3,672	140	40	2,000		2,300	11,200	4,150	8,051	20,500	31,364	0
其中 取得借款收到现金/万元	88,994	70,642	82,571	52,710	3,023	0	0	2,000		1,300	11,200	4,150	7,571	20,500	3,550	0
其中 筹资活动现金流出/万元	99,524	79,210	97,322	63,843	11,691	819	127	3,118	4,542	321	6,194	6,321	6,528	21,522	26,241	10,787
其中 偿还债务支付现金/万元	72,591	72,196	49,605	48,929	8,534	394	0	2,500	4,380	0	3,300	8	74	20,803	22,186	4,800
其中 分配股利、利润或偿付利息支付的现金/万元	26,933	7,012	8,947	6,924	2,195	425	127	543	162	321	2,894	1,813	1,954	719	55	1,367

数据来源:依据公司年报数据计算。

4. 财务风险对公司价值的损害

1）严重制约了企业革新和业务调整

当企业债务规模在 2003 年达到峰值 26.9 亿元，又遇上市场逆转之后，企业筹资能力逐步丧失，前期债务难以清偿，而企业又需要新增资金进行技术革新和产品生产调整，以应对市场变化。这种矛盾从根本上妨碍了企业扭亏为盈，重新恢复活力。例如，公司在项城市产业集聚区规划建设莲花生态工业园，其中年产 2.5 万吨复合调味品生产线属于第一期工程项目。项目自 2014 年开始建设，主要建设毛利率较高的鸡精生产车间及仓储物流设施，项目计划总投资 4,500 万元，原计划建设期 1 年；但由于资金紧张，进展缓慢，截至 2017 年仅完成投资进度的 13%，工程方面仅完成辅助工程，工业园区水、电、照明、办公设施和部分施工道路的铺设。再如，公司的味精生产线经过二十余年的运行，基本生产设施和核心设备已经严重老化落后。与国内同行业相比，自动化程度低，设备配置不平衡，生产能力小，技术指标低，能源消耗大，生产成本居高不下；特别是发酵、粗制等核心环节，存在的问题更为突出，粗制车间生产厂房横梁断裂，基础设施破损，设备配置不统一。制糖、精制、空压、水站等车间，在生产设施、设备配置、生产环境、物料流失、劳动力消耗等方面也存在大量问题，严重制约了味精正常生产和经营，使企业逐步失去了与国内同类行业竞争抗衡的能力和优势，技术升级改造迫在眉睫。公司 2014 年开始执行味精生产线更新改造建设项目，由于资金短缺，目前处于停滞状态。项目计划总投资 7,800 万元，原计划建设期 1 年，2017 年年底完成投资进度的 88%，但如果达到生产条件，不仅需要追加近 1,000 万元的设备投资，还要 3,000 万元左右的流动资金投入。

2）日常业务运营也受到严重影响

由于逾期债务较多，造成诉讼较多，大部分账户被法院查封，企业日常业务中的对外支付也难以正常进行，使日常经营更加困难。例如，2017 年年报披露，公司银行承兑汇票期末未终止确认金额为 2.53 亿元，其原因在于支付给梅花生物、阜丰集团等单位的原材料和商品采购款全部通过银行承兑汇票方式结算，而无法通过银行账户正常收付。而且，公司不符合银行承兑汇票开具条件，因此所有银行承兑汇票开具单位均非本公司，公司支付方式全部是背书转让支付。期末未终止确认的金额 2.53 亿元，全部是公司收取并支付给供应商的未到期的银行承兑汇票。

3）股价低迷

如图 7-6 所示，莲花健康上市初期（1998 年到 2003 年年末）股价走势与行业整体基本一致；然而在 2003 年年报披露之后，随着其财务风险逐步被投资者认知，财务重整不力，股价走势开始与行业平均水平拉开距离，截至 2019 年 5 月，中间虽有波动，但总体上差距不断扩大，行业整体上涨幅度是莲花健康的

16倍左右。

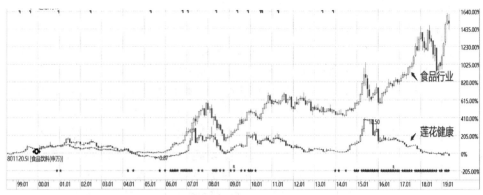

图7-6 莲花健康股价趋势与行业趋势对比（1999—2019）
数据来源：万德数据。

第八章
股利分配政策与公司价值

一、股利分配政策在公司价值决定中的角色

在实践中,企业进行股利分配决策时,既要考虑公司财务状况与未来资金需求,又要考虑股东偏好及市场反应,这是一个较为复杂的问题,Brealey 等(1992)甚至将股利决策列为公司财务十大难题之一。理论上分配策略作为公司财务战略的重要组成部分,理论界对此十分关注,提出多种理论,如 Miller 和 Modigliani(1961)的股利无关论,Lintner(1956)的信号传递理论,Jensen 和 Meckling(1976)、Easterbrook(1984)的代理成本理论以及 Baker 和 Wurgler(2004)的股利迎合理论。虽然早期理论例如 MM 理论认为股利决策不影响公司价值,但后来随着理论的发展,理论上普遍认为股利决策会影响公司的市场价值。不同的理论反映出人们对该问题认识上的分歧,相关实证也未得到一致的结果(Black,2010),甚至被称为"股利之谜"(黄娟娟和沈艺峰,2007)。

就股利相关的理论观点,归纳起来,股利分配政策影响公司价值来自以下方面:

(一)股利分配影响权益收益指标

股利分配影响权益收益率可从两个角度讨论,首先是投资者个人的投资收益率,其次是公司报表中的权益收益指标。

从投资者个人角度,根据股利理论中的税差理论(该理论在 MM 股利理论基础上考虑了所得税的存在),由于通常情况下一国政府对股利和资本利得课以不同税率的所得税,例如在我国对个人股息收入课以 20% 的所得税,对资本利得目前实际免征所得税,因此在资本利得税率低于个人所得税率的情况下,公司进行现金股利分配投资者获得的实际收益,与公司保留利润时投资者获得的收益相比,后者通常会抬高股价(假设市净率维持不变),且由于少缴税而实际收益会更高。此时,现金股利分配反而不利于提高公司价值。

从公司角度,如果公司进行股票股利分配,即送股,或用盈余公积转增股本,会产生一定的摊薄效应,公司报表中的权益收益指标会由于股本基数增大而

下降，例如 EPS 等每股指标会随着股本增加而下降。由于资本市场投资者通常将 EPS 等作为核心的考察指标，且多数公众投资者不会或不能对公司财务进行深入、系统地解析，因此 EPS 的下降可能导致投资者低估公司价值。相反，如果公司进行现金股利分配，公司股本数不会增加，而公司净资产会由于未分配利润的减少而下降，在假定公司每年盈利数字维持不变的情况下，下期计算权益收益率时由于分母的下降而提高，此时，现金股利分配则有利于改善盈利指标，对公司价值形成正面影响。

（二）股利分配影响企业后续融资能力

Gordon（1959）认为股利支付和公司价值正相关，因为与资本利得相比，投资者更加偏好股利。后来，Gordon（1961）又提出了"一鸟在手"理论，从资金的时间价值和不确定性的角度来解释股利政策。"一鸟在手"理论认为，在投资者的心目中，资本利得的不确定性要高于股利支付的不确定性。由于投资者具有风险厌恶的特征，因而将偏好股利而不是资本利得。公司股利越多，在投资者眼中价值也就越大。在这种情况下，公司支付高股利会降低投资者的风险，公司的股票价格上升；反之，公司支付低股利会增加投资者的风险，股票的价格将下降。

信号传递理论认为，在一个强有效的股票市场中，公司信息完全可获取和被使用，投资者能够从企业财务报告等渠道中获得完全信息并将这些信息体现在股票价格之中；然而现实中并不存在强有效股票市场，股票市场存在大量"噪声"交易。于是那些高质量公司选择支付较高股利来向市场传递公司良好的"信号"，因为低质量公司没有能力支付高股利，从而股利"信号"能够避免"噪声"干扰（Kumar，1988），作为结果，市场会表现出股价波动与股利水平直接关联。

代理成本理论认为，在现代公司两权分离背景下，管理层存在过度投资和扩大在职消费等私利行为，股利的支付减少了管理层对自由现金流的支配，从而有助于减少因过度投资而导致的资源浪费以及管理层为谋求自身利益而使股东权益受损的自利行为；而且，股利的支付减少了公司资金，管理层为了满足投资的资金需求，必须进入资本市场寻求外部融资，这就意味着要接受更多、更严格的外部监督，这些外部监督有助于减少管理层的道德风险，降低股东的监督成本，保护股东权益和提高公司价值（Jensen，1986）。Grinblatt 等人基于美国纽交所数据的研究也确实发现了股价会受到股利政策的影响（Grinblatt 等，1984）。刘银国等（2014）将过度投资作为代理成本的观察变量，在我国主板市场也观察到股利发放能够抑制过度投资。

然而，这种关系是否在我国证券市场同样存在是个疑问。以创业板市场为例，一方面，创业板上市公司的盘子小，不确定性大，市场可能存在更大的交易"噪声"，更需要通过某种机制来传递特异性信息，从该角度看，市场应会对高股利作出更强正向反应;但另一方面,高成长性是创业公司的主要特征之一,也是市场投资者关注的焦点之一,高成长性意味着公司存在旺盛资金需求,当公司采用较高的现金股利分配时,投资者可能解读为该公司缺乏成长机会或管理不良,从该角度看,高现金股利不会被作为正面信息解读,市场不会对此产生正向反应。上述两种推论相互矛盾,意味着股利政策是否影响公司价值在我国创业板市场存在不确定性。另外,利得税与股息税的差异也会影响到投资者的实际反应。

二、股利分配政策对公司价值的影响——基于我国创业板市场的实证检验

(一) 创业板初期上市公司股利分配政策偏好

1. 股利整体水平较高,公司间差异较大

我们首先对上市公司的整体股利水平(包含现金股利、送股和转增股)进行了比较,如表8-1所示。表中可见,创业板公司的股利水平明显高于中小板,更高于主板。从创业板设立的前五年即2009—2013年全部上市公司均值来看,创业板公司平均股利比主板公司高出304.4%,比中小板公司高出49.2%。公司间差异方面,创业板公司股利标准差也比主板公司高出84.4%,比中小板公司高出22.5%,反映出创业板公司间股利分配的差异较大。

表8-1 不同市场整体股利水平比较

年度	均值					标准差(反映个股股利水平差异程度)				
	创业板 1	中小板 2	主板 3	创业板与主板差异 (1-3)/3	创业板与中小板差异 (1-2)/2	创业板 1	中小板 2	主板 3	创业板与主板差异 (1-3)/3	创业板与中小板差异 (1-2)/2
2009	0.690	0.346	0.131	4.267	0.994	0.488	0.375	0.246	0.984	0.301
2010	0.788	0.482	0.137	4.752	0.635	0.604	0.476	0.263	1.296	0.269
2011	0.572	0.401	0.132	3.333	0.416	0.505	0.434	0.278	0.816	0.164
2012	0.435	0.310	0.125	2.480	0.403	0.460	0.391	0.295	0.559	0.176
2013	0.447	0.274	0.136	2.287	0.631	0.463	0.371	0.301	0.538	0.248
平均	0.534	0.358	0.132	3.045	0.492	0.511	0.418	0.277	0.845	0.222

注:整体股利水平是派现比、送股比和转增比的加总。
数据来源:国泰安。

从趋势上看,创业板与主板的股利差异在缩小,2009年创业板公司股利比主板公司高出4.267倍,到2013年就只多出2.287倍,其间持续下降。这与创

业板公司平均盈余水平不断下降有很大关系。创业板公司5年间盈余水平年均下降达26%，与主板公司的盈利差异缩小，导致股利差异相应缩小，如图8-1所示。

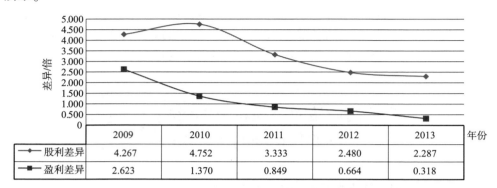

年份	2009	2010	2011	2012	2013
股利差异	4.267	4.752	3.333	2.480	2.287
盈利差异	2.623	1.370	0.849	0.664	0.318

图8-1　创业公司、主板公司的股利及盈利差异对比

2. 股利形式上偏好现金股利与转增股

进一步分析发现，创业板公司与主板公司、中小板公司的股利差异还表现在股利形式上，创业板公司不仅偏好现金股利，更偏好转增股形式。如表8-2所示，5年平均数据显示：创业板公司现金股利是主板公司的2.231倍，是中小板公司的1.145倍；转增股是主板公司的8.561倍，是中小板公司的1.838倍；而在送红股方面则少于其他市场水平，创业板公司平均比主板公司低23.1%、比中小板公司低28.6%。5年时间动态观察，创业板公司与主板公司股利差异的逐年缩小主要体现在现金股利差异的缩小，转增股始终维持在高出7倍左右的水平。高转增符合创业公司成长特征，能够帮助创业公司实现股本的不断扩张。

表8-2　不同市场股利形式比较

年度	派现比			送股比			转增股比		
	创业板	中小板	主板	创业板	中小板	主板	创业板	中小板	主板
2009	0.252	0.156	0.065	0.010	0.034	0.018	0.429	0.156	0.048
2010	0.250	0.183	0.069	0.020	0.024	0.020	0.518	0.275	0.047
2011	0.210	0.171	0.076	0.004	0.008	0.012	0.358	0.222	0.043
2012	0.148	0.141	0.088	0.004	0.008	0.008	0.283	0.161	0.028
2013	0.118	0.120	0.091	0.016	0.009	0.008	0.313	0.145	0.037
平均	0.174	0.152	0.078	0.010	0.014	0.013	0.351	0.191	0.041

3. 整体股利水平主要受财务因素驱动

为了深入考察创业公司股利行为特征背后的动因，笔者对这些公司的股利决定因素做了回归分析。与现有文献不同，我们采用了2009—2013年273个截面所组成的面板数据，能够兼顾个体因素和时序因素。根据经典的Lintner（1962）股利模型，我们将三类因素包括在估计中：上期股利水平、盈利水平和治理结构变量。治理结构变量具体包括：股权集中度、股权制衡度、控股股东性质、独立董事作用、董事长与总经理是否分立、管理层持股比例，共6个要素。回归结果如表8-3所示，估计结果揭示了整体股利水平的高低主要受盈余因素驱动，在1%的水平上显著。该结果印证了前述创业板与主板公司整体股利平均水平变动趋势主要受企业盈利因素影响。

表8-3 整体股利影响因素

项目	变量符号	变量含义	系数	t统计量
因素变量	C	截距	0.119**	2.461,4
	$DIVALL_{t-1}$	上期整体股利水平	0.055	1.651,4
	EPSA	调整后每股盈余	0.686***	11.545,5
	H3	股权集中度（前3）	0.147	0.691,5
	Z	股权制衡度	-0.001	-0.298,1
	AUDCODE	审计结果类型	0.201	1.081,5
	IDPTO	独董发表不同意见	-0.279	-0.761,4
	CEODR	董事长兼任总经理	0.073	1.090,9
	MGMT	管理层持股比例	-0.069	-0.634,8
	CTRL	控股股东类型	0.019	1.423,0
模型检验指标				
R-squared				0.250,7
Adjusted R-squared				0.233,2
F-statistic				14.349,7
Prob（F-statistic）				0.000,0
Sum squared resid				58.121,8
Durbin-Watson stat				2.053,3

注：*，**，***分别表示10%、5%、1%的显著性。采用截面随机效应模型，GMM估计方法。
数据来源：国泰安。

4. 存在股利平滑行为

我们将因变量换成现金股利，重新进行回归分析，得到了显著不同的信息，

如表 8 - 4 所示,现金股利在受盈利因素影响同时,还显著受到治理结构因素的影响,表现在:

(1) 所有治理因素变量的统计显著性增强,模型的整体解释力也明显提高。

(2) 在 95% 置信度下,两项治理因素(董事长兼任总经理、控股股东性质)显著影响到现金股利决策。同时,股权集中度和股权制衡度两项治理因素对现金股利的影响也接近 10% 的显著性水平。其综合信息是管理层控制力强的公司,即董事长兼任总经理、股权集中度高、股权制衡度低的公司,具有更强的现金股利偏好。对控股股东类型的进一步分析显示,自然人或国有法人控股的公司现金股利水平相对较低,现金股利与盈余比平均在 33% 左右,而其他法人或高管控股的公司现金股利与盈余比平均在 40% 左右,相对较高。

(3) 上期现金股利对本期现金股利决策的影响非常明显,说明决策层重视现金股利政策的延续性,即股利平滑行为,如同股利迎合理论所言,它是对市场投资者需求的一种迎合(Baker 和 Wurgler,2004),但此处的需求是指决策层自身的认识。

表 8 - 4 现金股利水平影响因素

项目	变量符号	变量含义	系数	t 统计量
因素变量	C	截距	0.012	0.919,5
	$DIVC_{t-1}$	上期现金股利水平	0.117***	5.214,6
	EPSA	调整后每股盈余	0.216***	13.133,0
	H3	股权集中度(前3)	0.093	1.568,1
	Z	股权制衡度	-0.001	-1.516,2
	AUDCODE	审计结果类型	0.050	1.179,5
	IDPTO	独董发表不同意见	-0.079	-0.992,5
	CEODR	董事长兼任总经理	0.024**	2.105,3
	MGMT	管理层持股比例	-0.023	-0.812,9
	CTRL	控股股东类型	0.008**	2.332,8
模型检验指标				
R - squared				0.407,1
Adjusted R - squared				0.392,4
F - statistic				27.738,8
Prob (F - statistic)				0.000,0
Sum squared resid				2.233,3
Durbin - Watson stat				2.347,9

注:*,**,*** 分别表示 10%,5%,1% 的显著性。采用截面随机效应模型,GMM 估计方法。

数据来源:国泰安。

(二) 股利分配政策对创业板上市公司价值的影响——基于股价反应视角

如前文所述,理论上认为股利分配政策影响公司价值,因为从信号传递角度讲,那些高质量公司选择支付较高股利来向市场传递公司良好的"信号",低质量公司没有能力支付高股利,从而股利"信号"能够避免"噪声"干扰,使投资者认为高股利分配的公司具有更高投资价值,使股价对股利分配形成积极反应。从代理成本角度讲,股利的支付减少了管理层对自由现金流的支配,从而有助于减少因过度投资而导致的资源浪费,股利支付减少了公司资金,使企业更多使用外部融资,从而加大了外部监督,这些都有助于减少管理层道德风险,提高公司价值。实证检验中,市场股价会对公司股利分配产生怎样的反应,相关结论还存在不一致性。笔者将基于我国创业板初期的市场数据对此进行检验。

1. 股价反应的检验方法

股利行为市场反应的检验方法,经典的是 Fama (1969)、Aharony (1980) 等人发展的用目标公司股价在股利分配事件特定时间窗内的累积超常收益率来衡量,如果公司宣告较高股利后,其股价相应上扬,即产生正的超常收益,则证明股利行为能引起市场正向反应。

某只个股 i 的累积超常收益率(CAR_i)的计算方法是:

(1) 首先计算 i 股票 t 日的超常收益率 $AR_{it} = R_{it} - \hat{R}_{it}$,其中 R_{it} 是 i 股票 t 日的实际收益率,而 $\hat{R}_{it}$ 是 i 股票 t 日的正常收益率,它使用夏普模型依据历史数据求出。

(2) 累加特定时间窗口 $(-n, m)$ 内 i 股票超常收益率得到累积超常收益率,即 $CAR_{it}(-n, m) = \sum_{T=-n}^{m} AR_{iT}$,式中 T 依次取值 $(t-n, t-n+1, \cdots, t, \cdots, t+m-1, t+m)$,$t$ 是股利事件基准日。

实践中,股利分配事件有多个时间节点,包括分配预案公告日、正式分配方案公告日和除权日,在我国市场中信息含量最大的是分配预案公告日(何涛和陈晓,2002),因为分配预案与正式方案出现不同的情况在我国市场中很少见。因此,我们选择预案公告日作为股利事件基准日。对于时间窗口,我们在模型 1、2 中尝试了预案公告后的一周交易时间,即 (0, 5),但考虑到我国市场容易发生公告之前的信息泄露,我们在模型 3、4 中尝试将预案公告前后一周交易时间作为时间窗口,即 (-5, 5)。同时,由于超常收益还可能受盈余水平和盈余质量的影响,我们将每股盈余及每股经营净现金作为控制变量纳入模型。

2. 股价反应的检验结果

根据上述方法,以相应时间窗口内的累积超常收益为因变量,面板回归的结果如表 8-5 所示,这些结果提示了以下几个方面的信息:

表 8-5 股利水平对累积超常收益的影响

项目	变量符号	变量含义	M1:现金股利, 时间窗(0,5)		M2:整体股利, 时间窗(0,5)		M3:现金股利, 时间窗(-5,5)		M4:整体股利, 时间窗(-5,5)	
			系数	t统计量	系数	t统计量	系数	t统计量	系数	t统计量
解释变量与控制变量	C	截距	-0.001	-0.730	-0.002	-1.132	-0.009***	-3.426	-0.013***	-5.197
	DIVC	现金股利	-0.004	-0.495			-0.024	-1.085		
	DIVALL	整体股利			0.003	1.303			0.033***	8.387
	EPSA	调整后每股盈余	0.002	0.668	0.006*	1.821	0.004*	0.657	0.017***	3.128
	NC_OP	每股经营净现金(盈余质量)	0.004**	2.379	0.005**	2.427	0.000	0.109	0.003	0.870
模型检验指标										
	R-squared		0.066		0.068		0.091		0.174	
	Adjusted R-squared		0.063		0.065		0.088		0.171	
	F-statistic		21.094		20.582,031		33.474		45.931	
	Prob(F-statistic)		0.099		0.052		0.016		0.000	
	Sum squared resid		2.007		2.005		2.537		2.345	
	Durbin-Watson stat		2.320		2.317		2.168		1.864	

注:*,**,*** 分别表示 10%,5%,1% 的显著性。

数据来源:国泰安。

（1）市场投资者对现金股利分配没有明显反应，因为在任一时间窗口内，现金股利的影响都不显著。在所有模型中，现金股利的系数为负，提示现金股利存在有限的负面影响，这与何涛和陈晓（2002）对我国主板市场1997—1999数据的研究得到的结论相同。

（2）市场投资者对整体股利水平存在正向反应，因为模型2、4整体股利的系数都为正，并在（-5,5）时间窗内以1%的水平显著；不过该反应在（0,5）时间窗内不显著，其原因应当是股利分配信息提前通过私人渠道流向市场。正是由于这种考虑，国内一些关于上市公司的研究（如樊耘和邵芳，2010；谭洪涛等，2011等）都会将公告日前的若干天纳入时间窗。

（三）股利分配政策对创业板上市公司价值的影响——基于公司成长性视角

1. 股利行为影响公司成长的机理

股利分配对企业扩张的资金保障和企业资本结构的优化都有着直接影响，因此，股利政策应当与企业发展战略相协调。美国学者爱迪斯在1989年提出了企业生命周期概念，他将一般企业的生命期划分为初创期、成长期、成熟期和衰退期四个阶段。许多学者基于该概念研究了不同生命期中企业的财务特征，普遍认为：在企业的初创期和成长期，财务资源都会比较紧张，企业往往采取较积极的筹资策略；而在成熟期，企业财务资源相对过剩；在衰退期，企业财务资源容易出现无序状态并出现危机（郭小金，2011）。企业不同生命期的财务特征直接决定了它的筹资策略。对高成长企业的研究显示，由于债务合约往往约束企业投向高风险项目，因而高成长企业的财务杠杆一般较低；相反，股权融资下企业有更强的经营风险承受能力，因此应以股权融资来支撑增长机会（Hovakimian等，2001）。宋福铁和屈文洲（2010）将企业生命周期概念运用到对企业股利行为的实际考察中，他们使用留存收益/资产比作为企业生命周期的代理变量，以沪市528家A股上市公司作为样本，采用2000—2008年间的数据，运用Logit模型、Tobit模型分别考察留存收益/资产比对上市公司是否支付现金股利、股利支付率的影响。研究发现，我国上市公司是否支付现金股利呈现生命周期特征，早期企业支付股利的概率相对较低。

具体到本书研究的创业板上市公司，由于创业板的市场要求，这些公司往往成立时间不长，身处新行业或新领域，有着巨大的成长潜力，正是属于企业生命周期理论中所界定的初创期或成长期公司。在财务特征上，它们应当存在旺盛的筹资需求，并且偏好于通过股权融资（外源的或内源的）来满足资金需求，因而应当少进行现金股利分配。因此，如果创业公司实行高现金股利政策，则有可能妨碍企业的正常成长；但如果公司只是送股转增比率较高，而现金股利较低，并不导致企业资金流出，则不会影响企业成长。

2. 实证检验

为了检验我国创业板公司的高股利行为是否对企业成长构成实际影响，我们同样依据上述面板数据，对前期股利水平与当期成长性指标之间的关系进行回归分析，如果存在负相关性，则说明高股利对企业成长形成负面影响，反之亦然。对于企业成长性的衡量，以往研究使用较多的是收入增长率指标，如王会芳（2011）和崔玉英等（2014）均使用营业收入或销售收入增长率指标来反映企业成长；但崔玉英等同时也指出，由于公司成长过程的特殊性、复合性，资本市场存在成长信息的缺口。因此，本书认为使用单一指标反映企业成长可能存在局限，有时企业成长在短期内并不一定反映在营业收入增长上，例如那些还处于投资初期的企业，会将主要注意力和大量资金投资于研发或设施购建，产能短期并未形成或广告等营销投入相对较少，使得收入增长相对较慢。因此，本书在使用收入增长率衡量企业成长性（模型3、4）的同时，还使用了资产增长率指标（模型1、2）来作为因变量，检验股利分配对企业成长的影响。

企业成长受多方面因素影响，孔宁宁等（2010）在对影响和反映企业成长性（也是以营业收入增长率反映）的财务信息挖掘中，提出了两个影响企业成长的财务指标：一是企业的盈利能力指标，盈利能力从现时角度反映企业成长能力；二是企业的投资支出，认为较高的研发、广告和资本性支出有利于带来未来销售收入和收益的增长，但由于广告和研发支出在会计上被作为费用处理，因而实际操作中只使用无形资产、固定资产等长期性资本支出指标。本书借鉴他们的研究，在以收入增长率为因变量的模型3、4中，除股利分配变量外，还纳入了上期资本性支出（上期每股投资净现金）和每股盈余两项变量作为控制指标。模型1、2的因变量是资产增长率，根据财务指标的内在关系，筹资活动（包括股权筹资和债务筹资）、经营活动都会影响资产变动，因而在模型中纳入了每股筹资净现金、每股盈余两个控制变量。

从表8-6所示的结果可以看出，无论是用资产增长率还是用收入增长率来衡量企业成长，分配较多的现金股利对企业成长都是不利的，即模型1、3中上期现金股利的系数在99%置信度下显著为负，而模型2、4中的上期整体股利的系数为负，但不显著，因而以送转为主要构成的整体股利分配并不会对企业成长形成明显不利影响。

（四）小结

经过前述基于实际市场数据的分析，揭示了股利分配政策对公司价值的一些后果性影响：

表8-6 股利行为对公司成长的影响

项目	变量符号	变量含义	模型1:现金股利,资产增长		模型2:整体股利,资产增长		模型3:现金股利,收入增长		模型4:整体股利,收入增长	
			系数	t统计量	系数	t统计量	系数	t统计量	系数	t统计量
解释变量与控制变量	C	截距	0.117***	13.099	0.107***	11.551	0.173***	9.757	0.141***	7.349
	$DIVC_{t-1}$	上期现金股利	-0.138***	-4.244			-0.427***	-6.685		
	$DIVALL_{t-1}$	上期整体股利			-0.016	-1.564			-0.030	-1.437
	NC_FUND	每股筹资净现金	0.129***	13.628	0.135***	14.799				
	NC_IVST_{t-1}	上期每股投资净现金					-0.022***	-2.626	-0.015*	-1.694
	EPSA	调整后每股盈余	0.144***	7.942	0.119***	6.959	0.436***	12.206	0.354***	10.129
模型检验指标	R-squared		0.266		0.251		0.187		0.136	
	Adjusted R-squared		0.264		0.248		0.183		0.133	
	F-statistic		85.259		78.361		53.545		36.798	
	Prob(F-statistic)		0.000		0.000		0.000		0.000	
	Sum squared resid		11.916		12.159		48.433		49.286	
	Durbin-Watson stat		1.943		1.908		1.998		2.000	

注:*,**,***分别表示10%,5%,1%的显著性。
数据来源:国泰安。

(1) 从市场股价反应角度讲，现金股利水平的变动并不能带来累积超常收益的变动，即市场投资者未对现金股利分配产生明显反应，但累积超常收益受整体股利水平的影响。

(2) 从公司成长角度讲，现金股利分配对公司的资产增长与收入增长都存在负面影响，而整体股利水平与公司成长指标则无显著关联。

将创业板上市公司股利分配行为分析结果与后果分析结果相关联，我们发现一个值得讨论的问题，即我国创业板上市公司股利分配与市场投资者的实际需求存在错配，具体叙述如下：

一方面，在行为分析中，我们看到企业股利分配影响因素中，治理结构因素产生了显著作用，那些决策层控制力强的公司有更高的现金股利偏好。同时，还存在现金股利平滑行为，可以认为这些现象反映出决策层在股利分配时存在迎合市场的动机，认为市场投资者会对现金股利有更高偏好，如同国外市场那样股价会受现金股利刺激。这种动机正是股利迎合理论（Baker 和 Wurgler，2004），即：在有效市场中，现金股利政策由公司特征决定；而在弱有效市场中，投资者对支付股利的股票有盲目的、变化的需求。同时有限套利的存在使得投资者的需求能够影响当前的股票价格，于是理性的管理者迎合投资者的需求制定现金股利政策，给予投资者最想要的结果，即制定较高的现金股利，并把前期现金股利作为重要决策依据，采取股利平滑行为。虽然上市公司对现金股利的偏好存在另外的解释可能，但在本例研究的情境中，我们认为都可以排除。例如，"在手之鸟"理论称现金股利可满足投资者落袋为安的心理，但实际上，由于利得税与股息税的差异，若不考虑其他因素，投资者不会倾向选择现金股利来实现落袋为安（孙刚等，2012）。还有一种解释是借助现金股利向控股股东进行资金输送的动机，例如柳建华（2007）的实证研究提示控股股东有利用现金股利"掏空"上市公司的行为，不过该研究关注的是股权集中度对"掏空"的影响，未区分股东类别。其他研究文献显示不同类别股东在这方面存在差异，国有控股机构在特定情况下存在利用现金股利输送资金的动机（陈信元等，2003；孙刚等，2012），民营控股股东这样做的概率较低（张文龙等，2009）。但我们的分析显示国有控股公司的现金股利分配率要明显比民营控股公司的低一些，与现有结论存在矛盾，因而在一般性意义上，可以排除从资金输送动机来解释创业板上市公司股利行为特征的可能。

另一方面，在结果分析中，我们看到市场的累积超常收益率并未对现金股利产生明显反应，反而是对整体股利（以送转为主体）产生了正向反应。这种现象说明我国创业板市场投资者需求与 Grinblatt 等（1984）对美国市场的研究结论不同，投资者并不看好现金股利分配。在何涛和陈晓（2002）、饶育蕾等（2008）对主板市场的研究也同样观察到投资者对现金股利不敏感。究其原因，饶育蕾等的解释是相对于资本利得，现金股利显得微不足道。本书认为这种解释更符合创业板市场的情形,每股 0.1~0.2 元的现金股利在平均 50~60 倍市盈率面前,投资者更希望通过后者实现收益。这也解释了投资者为什么会对较高的整体股利有着正向反应而对现金股利反应不足,因为市场实际运行中,股票价格通常除权不彻底,高送转能给投资者带来更多实际利益。

上市公司股利分配实践与投资者实际需求错配问题的存在,提示创业板上市公司应当对股利分配策略进行调整。一些创业板上市公司偏好现金股利分配的做法不符合公司尚处于成长阶段的特征,它损害了公司成长,市场投资者对此也并不给出正面反应,实属不必;而采用股票股利形式,可以节省资金用于扩大投资,也实现了股本扩张,并为投资者创造利得,是创业板上市公司应当选择的分配策略。

三、股利分配影响公司价值的案例分析:"高送转"是好是坏?

1. 我国证券市场的"高送转"情况

在我国证券市场上,较长时间内存在股利分配政策的"高送转"偏好,即公司不轻易分配现金股利,而是提供高比例的红股、公积金转增等股票股利。所谓高比例,并没有一个确定的数量标准,有的认为是指每 10 股送 10 股及以上数量的红股或转增股。据国信证券研究部门的统计,从 2010 年到 2015 年,市场中"高送转"行情逐年升温,中报、年报披露"高送转"的公司数量大幅上升,2015 年最高峰有近 500 家上市公司实施"高送转",如图 8-2 所示。

图 8-2 我国证券市场高送转案例数

注:统计截至 2017 年年中。
数据来源:国信证券。

"高送转"的案例在不同行业分布并不均匀,总体上,传统行业"高送转"案例相对较少。国信证券统计的 2010 年至 2016 年中,A 股"高送转"案例数最多的前五个行业分别是：机械设备（年均 26 起）、计算机（年均 25 起）、化工（年均 23 起）、医药生物（年均 23 起）、电子（年均 21 起），而银行业未出现 1 起"高送转"，钢铁行业年均"高送转"仅 1 起，如图 8-3 所示。

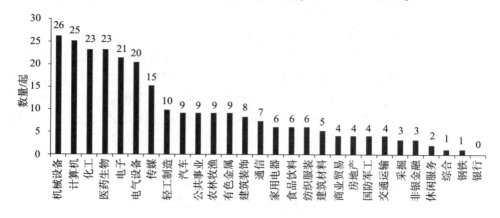

图 8-3 我国证券市场高送转发生的行业分布

注：统计截至 2017 年年中，图中数字为 2010—2016 年年均案例数

数据来源：国信证券。

由于"高送转"在市场上常常伴生内幕交易、市场操纵等违法行为，有时也被作为掩护限售股解禁、大股东减持出逃的工具，监管层自 2016 年起加大了对上市公司股利分配行为的监管力度，因此自 2016 年开始，"高送转"案例数有所下降。据证监会新闻发言人在 2018 年 5 月 23 日披露，2017 年 A 股现金分红增多，2,754 家上市公司现金分红金额合计约 10,705.72 亿元，同比增长 21.88%，首次突破万亿元大关。其中，1424 家主板公司分红 9,563.80 亿元，占比 89.33%；714 家中小板公司、616 家创业板公司分别分红 852.19 亿元、289.73 亿元，分别占比 7.96%、2.71%。除总数增加外，2017 年的分红还展示如下特征和趋势：

（1）包括传统行业在内的实体经济领域上市公司现金分红增多，总数超过 6,000 亿元，约为同期净利润的三分之一。煤炭、钢铁等传统行业不仅扭转了亏损局面，有的公司积极提出高分红方案。前期一些具备现金分红能力但未分红的公司也开始推出现金分红方案，例如 2014—2016 年度至少有 35 家公司具备分红能力但连续未分红，在 2017 年度有 15 家推出了分红方案。

（2）持续高现金分红的公司数量增加。在 2015—2017 年期间，现金分红比例持续保持在 30% 以上的有 660 家，50% 以上的有 128 家，较此前期（2014—2016 年）分别增加 14% 和 20%。2017 年，分红比例在 30% 以上的公司有 1,512 家，占比 55.08%；分红比例在 50% 以上的公司有 547 家；分红比例在 80% 以上的公司有 211 家。

2017 年 A 股上市公司"高送转"的案例数大幅减少，仅为 57 家，分别较

2016 年、2015 年减少 144 家、313 家。

2. "高送转"的公告行情与填权行情——基于京泉华

我国证券市场出现对"高送转"的偏好，主要原因在于市场上存在对"高送转"的股价反应。这种股价反应可分为两个阶段：一是分配方案公告后至实施日之前，对于确定了"高送转"分配方案（或预案）的公司，投资者往往作出积极反应，加大了市场投资者对该公司股票的购入，此时的股价反应可称为公告行情（或称抢权行情）；二是实施日之后的一段时间，实施日可能存在除权不彻底，并可能出现随之而来的回填价格缺口的行情趋势，此时的股价反应可称为填权行情。这种行情现象不仅在中国证券市场上存在，在国外证券市场也同样存在。国信证券的统计显示，公告后（公告日为 T 日），总体上"高送转"股票取得超额收益的概率在 60% 左右，其中 $[T, T+5]$、$[T, T+10]$ 期间"高送转"股票具有正收益率的概率分别为 62%、61%，具有超额收益率的概率分别为 58%、59%。就收益水平看，从 2010 年到 2016 年，高送转股票在 T 日（即公告当日）、$T+5$ 日、$T+10$ 日、$T+20$ 的绝对收益平均值为 2.3%、4.3%、5.2%、7.6%，以上证综指为参照的超额收益为 2.3%、3.9%、4.5%、6.4%。有趣的一点是，市场对较早公布"高送转"方案的公司的反应程度要高于较晚公布的公司。国信证券的统计将"高送转"公司按公告时间分为三组，统计显示"高送转"最早公告的 30 家公司收益率显著较高。

下面以京泉华（002885.SZ）为例，探讨"高送转"行情现象的具体表现及其背后动因。

1）案例公司简介

京泉华全称为深圳市京泉华科技股份有限公司，注册地为深圳市龙华区，由张立品、程扬和深圳京泉电子有限公司于 1996 年 6 月 25 日共同出资设立，2017 年 6 月 9 日首次公开发行并于同年 6 月 23 日在深交所中小板挂牌上市。经过历年的转增股本及增发新股，截至 2019 年 6 月 30 日，公司累计发行股份 18,000 万股。

公司主要经营磁性元器件、电源及特种变压器的研发、生产及销售业务。根据 2018 年年报，公司的主营构成为：磁性元器件占比 51.79%，电源占比 25.24%，特种变压器占比 21.03%，其他业务占比 1.94%。

2）"送转"分配方案及市场反应

公司上市后，进行了两次股利分配（见表 8-7），分别是：2018 年 6 月对 2017 年的利润进行分配，每 10 股转增 5 股派 0.75 元；2019 年 5 月对 2018 年的利润进行分配，同样是每 10 股转增 5 股派 0.75 元。从现金股利看，2017 年、2018 年分别实现归母公司股东的净利润 5,283 万元和 7,973 万元，现金股利支付率维持相对平衡，分别为 10.3% 和 11.29%。在分配现金股利的同时，进行了较大比例的公积金转增，每 10 股转增 5 股，经过两次转增，公司股本总额由上市初的 8,000 万股增加至 1.8 亿股，是原来的 2.25 倍。

表 8-7 京泉华股利分配情况

项目	2018 年	2017 年
分配方案		
每股股利（税前）/元	0.075	0.075
每股红股/元	—	—
每股转增/元	0.50	0.50
利润情况		
归母公司股东的净利润/万元	7,973.55	5,823.54
现金分红总额/万元	900.00	600.00
现金股利支付率/%	11.29	10.30
相关日期		
预案公告日	2019-04-20	2018-04-21
股本基准日期	2018-12-31	2017-12-31
股东大会公告日	2019-05-14	2018-05-15
股权登记日	2019-05-30	2018-06-11
实施公告日	2019-05-23	2018-06-06
派息日	2019-05-31	2018-06-12
红股上市日	2019-05-31	2018-06-12

数据来源：公司年报。

虽然送转股只是公司权益项目的内部变动，不影响公司净资产，但公司通过转增不仅使企业注册资本股本扩大，而且还获得了股票市场价格的积极反应。如图 8-4 所示，公司两次分配在公告日和除权日均产生了一波行情。从 2018 年 6 月 6 日公司正式公告分配实施方案，至实施日前的 6 月 11 日，公司股票价格由 6 月 5 日收盘价 35.88 元上涨至 6 月 11 日的最高价 43.65 元，4 个交易日共上涨 21.6%，而同期大盘处于微跌中。2018 年 6 月 12 日作为除权除息日，按理论价格计算，除权干净后的股价应该为 29.05 元，但实际上当日收盘价为 31.96 元。在 2019 年实施的分配中，同样存在一波公告行情和填权行情。2019 年 5 月 23 日公告实施方案，当日随市场整体出现下跌，但随后 5 个交易日上升到 22.05 元，较下跌前的 21.58 元上涨了 2%，同期中小板市场整体并没有回到前期水平。5 月 31 日是除权除息日，理论上价格应回落到 14.65 元才算除权干净，但当日收到 15.05 元，并在后续 8 个交易日走出典型的填权行情，价格迅速回到分配前的水平，6 月 12 日收于 21.45 元。

国信证券的统计显示，公告行情和填权行情在市场上已经有所降温：2017 年"高送转"披露前 1 个交易日，相关公司的股价平均涨幅仅约 1%；披露后

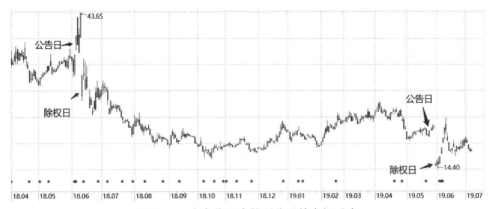

图 8-4 京泉华两次股利分配的市场反应

注：图中柱型为股价的日 K 线

数据来源：万德数据。

1 个交易日，平均涨幅仅约 2%；披露后 3 个交易日，股价基本回归常态。市场对"高送转"的反应更趋理性谨慎。

3. "高送转"存在的价值风险——基于莱美药业

市场投资者和相关研究都侧重于关注"高送转"的超额收益问题，而对于其中存在的价值风险讨论较少。价值风险一方面来自市场炒作，在公告前后，股价可能因抢权或配合概念炒作而被抬高，偏离正常股价，在暴炒之后投资者接手则可能遭遇获利回吐，使得最终贴权的可能性大于填权可能性。例如在 2016 年，上市公司金雷风电每 10 股转增 10 股派现 5.2 元，4 月 12 日除权除息后一路下跌，5 月 23 日较 4 月 12 日下跌 29.05%；西泵股份每 10 股转增 20 股派现 2 元，5 月 23 日较 3 月 29 日除权除息当日收盘下跌 29.77%；新联电子每 10 股转增 18 股派现 3 元，5 月 23 日较 3 月 24 日除权除息当日收盘下跌 34.98%。

价值风险的另一方面来自"高送转"的摊薄效应。送转股虽然只是所有者权益内部结构的改变，不会改变净资产数量，但由于送转后股份数增多，所有的每股指标都将受到影响。例如市场最关心的 EPS 等指标就会成比例下降，由于市场中信息不对称问题的存在，EPS 的下降会向市场传递出一些干扰信号，部分投资者在信息了解不全面情况下会产生误判。同时，不同股票间的价值对比关系也可能因为一家公司 EPS 的下降而发生改变，表现为股票相对价格下降。

1）案例公司简介

莱美药业全称为重庆莱美药业股份有限公司，公司注册地址为重庆市南岸区，是由重庆莱美药业有限公司整体变更并发起设立的股份有限公司。其前身重庆莱美药业有限公司系由成都市药友科技发展有限公司、重庆市制药六厂于 1999 年 9 月共同出资设立的，设立时注册资本 1,000 万元。2007 年整体变更为股份有限公司,公司股东为邱宇、邱炜等43个自然人股东和法人股东重庆科技风险投资有限公司。经历数次变动,2016年5月24日,公司股本增加至812,241,205股,实际控制人为自然人邱宇。

公司所属行业为医药制造业,主要生产和销售药品,药品的剂型主要是注射剂,在注册分类上主要是抗感染类药、特色专科类药(包括抗肿瘤药和肠外营养药等)。根据2018年年报,公司主营构成为:特色专科类占比59.79%,抗感染类占比15.29%,中成药及饮片类占比11.23%,大输液类占比9.76%,其他品种占比2.96%,药品销售服务占比0.66%,其他业务占比0.24%,医药流通占比0.07%。

2)"高送转"分配方案对每股指标及股票相对价格的影响

莱美药业一直奉行积极的分配政策,自2009年公司上市以来至2019年,公司每年都进行现金股利分配,部分年份的现金股利支付率甚至超过100%,例如,2014年到2016年的现金股利支付率分别为217.48%、109.46%、581.74%,如图8-5所示。

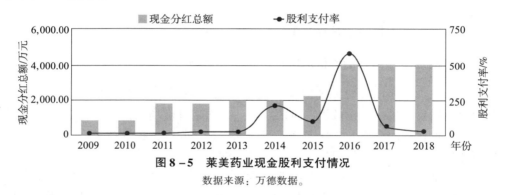

图8-5 莱美药业现金股利支付情况

数据来源:万德数据。

在2011年和2016年分配时,除现金股利外,公司还实施了每10股转增10股和每10股转增26股的"高送转"分配方案,相应的每股指标发生显著下降。从表8-8中可以看出,当2011年实施10股转增10股后,EPS由0.48元下降为0.40元,如果不实施转增,则应该是增长到0.8元,增长66.7%。每股净资产和每股现金流则下降更明显:前者由每股6.118元下降到3.412元,几近一半;后者则由每股0.41元下降到0.06元。在2016年,更为激进的转增带来了更大幅度的每股指标下降:EPS由每股0.100,0元下降到0.009,0元,下降了1,011%;每股净资产则由7.270,5元下降到2.002,4元,下降了263%。

表8-8 莱美药业股利分配和每股指标 单位:元

股利	2010-06-25	2011-07-12	2012-06-20	2013-08-13	2014-08-13	2015-07-15	2016-05-24
每股股利(税前)	0.100,0	0.100,0	0.100,0	0.100,0	0.100,0	0.100,0	0.100,0
每股转增	—	1.000,0	—	—	—	—	2.600,0

续表

每股指标	2010-12-31	2011-12-31	2012-12-31	2013-12-31	2014-12-31	2015-12-31	2016-12-31
基本每股收益	0.480,0	0.400,0	0.290,0	0.320,0	0.050,0	0.100,0	0.009,0
每股净资产	6.118,0	3.412,0	3.605,5	5.442,0	4.926,2	7.270,5	2.002,4
每股经营现金流量净额	0.410,0	0.060,0	0.099,4	0.370,2	-0.244,7	-0.112,6	0.154,7

数据来源：公司年报。

每股指标的下降，再加上大股东的减持，公司股价不仅在除权后由40元左右的中价股变为不足10元的相对低价股，而且相对价格（PE）由高位区间跌落到低位区间。如图8-6所示：在2016年以前，公司股价基本在几百倍的区间运行；到了2015年下半年，PE区间虽有所下降，也多在200~300倍的区间；"高送转"除权后，公司股价迅速滑落到100~170倍之间的区间；2019年更是下滑到30倍略高的水平上。这种相对价格的下跌真正体现了价值风险。

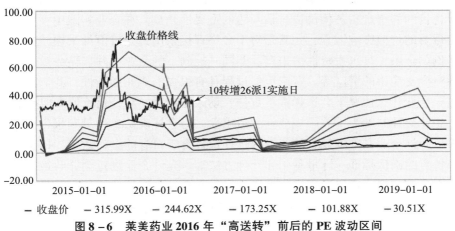

图8-6 莱美药业2016年"高送转"前后的PE波动区间

数据来源：万德数据。

第九章
资产重估、会计政策选择与公司价值

一、资产重估、会计政策选择的动因及其与公司价值的相关性

现代企业会计制度要求会计信息应当服务于"决策有用"目标,须在资产负债表日要求对企业重要资产、负债进行价值重估,以更准确地反映企业拥有的经济资源和承担的义务状况,为利益相关者的决策提供相关性更强的信息。在我国,2006年新的会计准则体系建立后,公允价值计量模式被部分引入,基于财务报告目的的资产、负债价值重估问题的重要性凸显。在企业实践中,资产重估成为重要的价值影响因素,尤其是对于允许直接采用公允价值计量模式的资产项目,例如金融工具、投资性房地产、非同一控制下的企业合并、债务重组和非货币性资产交换中的资产等。资产重估过程具有很强的职业判断性,我们关心的问题是:企业什么情况下会选择资产重估?动因是什么?对公司价值有何影响?

企业会计制度为了兼顾规范性和适用性,对会计确认、计量和报告的一些具体事项允许企业在准则规定的范围内选择最适合于自身的会计政策,即选择符合自身特点的确认标准、计量基础和处理方法等。允许企业进行会计政策选择的制度初衷是考虑到企业经济行为的多样性,增强会计制度的适应能力,最终目标仍然是使企业提供"相关的"和"如实反映的"的会计信息。然而,由于大小股东间的代理问题、股东与管理层的代理问题,实践中的会计政策选择不一定会服从于提高会计信息质量的目标,而会表现出一定的利益倾向性,因此会计政策选择的动因和对公司价值的影响也成为研究中的热点问题。

(一)资产重估和会计政策选择的动因

已有研究发现驱动企业选择资产重估的动因有很多,其中一类是契约成本动因,例如 Brown、Izan 和 Loh(1992)发现重估能够影响契约成本和政治成本,解决信息不对称。实证表明财务冗余、信号原因、契约和政治成本对重估决策有显著的解释力。例如,Easton、Eddey 和 Harris(1993)对澳洲上市公司财务负责人的调查显示,除为了提供更公允的财务报表外,企业还可能为了降低资产负债率,规避债务契约限制,而进行资产重估。Aboody、Barth 和 Kasznik(1999)的

研究表明，资产负债率较低的公司选择固定资产重估的动机是向公众传递更真实更公允的财务报表信息，而高资产负债率的公司主要是将资产重估作为缓解债务契约限制的一种会计政策选择。另一类动因是信号显示，即通过资产重估使财务报告向利益相关者传递积极信号。Cotter 和 Zimmer（1995）认为资产重估与企业显示更强借贷能力的目的有关，研究发现当企业担保借贷增加时，企业更有可能对土地和建筑物进行重估，意味着此时企业重估的目的是使自己的资产负债率在一个合理水平。此外，还存在一些机会主义的资产重估动因。例如，Jarrel（1979）调查了 1912—1917 年美国州政府对电力公司的研究，调查表明受政府管制的公用企业，报告的资产价值水平高于其他企业的资产价值水平，他认为这些电力公司高估资产价值的目的是提高收费的计算基数。

资产重估实际上可归为企业会计政策选择行为的一种。从一般意义上归纳会计政策选择的动因，相关学者已做了大量研究，在国外最早在 1964 年 Gordon 等人就开始提出会计政策选择动机的经理人动因，我国学者则从 20 世纪 90 年代开始对会计政策选择动机进行研究。截至目前，相关动因影响成果可归纳为以下几个方面：

（1）薪酬契约作用下的管理层自利动机。管理层可能为了满足特定薪酬契约的条件，对企业会计政策进行选择，以影响报表盈余水平，从而使自身薪酬最大化。例如，Healy（1985）的经典论文讨论了薪酬契约对于公司盈余管理和会计政策选择的影响：如果公司当期的盈余距离管理层奖金激励的目标盈余水平较近时，管理层会使用增加盈余的方法来达到目标盈余水平进而获得奖金；若公司的盈余水平远远超过目标盈余水平或远远低于目标盈余水平，公司的管理层会有意降低盈余数字或进行"大洗澡"式的盈余管理来为将来超过盈余目标"积蓄力量"。

（2）债务契约作用下的杠杆动机。Sweeny（1994）曾检验债务契约对于公司会计政策选择和盈余管理的影响，他发现，与控制样本相比，最终出现债务违约的企业在违约前的数年中平均来说更加偏好选择可以增加收入的会计政策。

（3）迎合资本市场盈余预期的动机。Burgstahle 和 Dichev（1997）及 Degeorge、Patel 和 Zeckhauser（1999）等的研究表明，美国上市公司有为了与分析师预测一致而进行盈余管理的动机，盈余管理的常用手段是对会计政策进行选择。赵春光（2006）研究了上市公司的资产减值与盈余管理之间的关系，发现减值前亏损的公司存在以转回和计提资产减值进行盈余管理的行为，说明企业利用减值政策选择进行盈余管理。

（二）资产重估和会计政策选择与公司价值的相关性

资产重估和会计政策选择与公司价值的相关性是指资产重估行为、会计政策的选择是否更好地反映了公司价值，例如资产重估与企业业绩、股价和市场回报率之间的关系。按照会计准则设计的基本精神，资产重估和会计政策选择都是为了更好地揭示企业拥有的经济资源、承担的义务，以及经营绩效，以提高会计信息的相关性，使投资者对公司价值有更好的判断；换言之，理论上资产重估和会计政策选择应当具有正的价值相关性。

但是在实践中，真实情况可能与制度设计初衷不一致，正相关和负相关的情况都可能出现。例如，一些文献基于国外样本研究发现，在较早允许资产重估进入报表的英国、澳大利亚，资产重估增值与股票价格上涨有一定的联系。基于澳洲上市公司样本的实证检验表明，资产重估信息发布后，股票回报率累计平均增长 18%~19%（Sharp 和 Walker，1975）；大约 3/4 的样本在资产重估信息公告时伴随着收益增长、股利增长（Brown 和 Finn，1980）。基于英国 232 家上市公司样本的实证检验表明，固定资产重估行为与股票价格变动、公司业绩之间存在正相关关系，市场将资产重估视为好消息的信号（Standish 和 Ung，1982；Aboody、Barth 和 Kasznik，1999）。也有一些研究发现了相反证据。例如，对我国上市公司中首次采用公允价值计量模式的样本分析表明，采用公允价值对投资性房地产重估与企业的盈利能力负相关，与资产负债率正相关，意味着企业是基于盈利下降压力、负债压力而进行资产重估，以改善报表表现（王福胜和程富，2014）。Daniel 等（2010）的研究也发现低盈利的企业更倾向于选择公允价值计量。

综合来看，企业资产重估和会计政策选择会对公司价值产生影响，而影响的方向和程度取决于行为背后的动因及相应的实施手段。实证结论的不一致实际也表明该问题的复杂性，因而本书借助两个案例，深入解析资产重估和会计政策选择发生的过程、影响的机理，从而对实证研究形成补充，深化对该问题的理解。

二、资产重估影响公司价值的案例分析——基于珠海中富

1. 案例公司简介

（1）公司概况

珠海中富全称为珠海中富实业股份有限公司，成立于 1985 年 12 月，是广东省高新技术企业。公司前身为珠海市香洲区中富瓶厂，于 1990 年 1 月改制为珠海经济特区中富实业股份有限公司，并于 1999 年 5 月更名为珠海中富实业股份有限公司，注册地和总部地址均为广东省珠海市。1996 年 12 月 3 日公司在深圳证券交易所上市，目前总股本为 1,285,702,520 股。港资企业 Asia Bottles（HK）Company Limited 曾为公司第一大股东，2015 年 1 月，Asia Bottles（HK）Company Limited 向深圳市捷安德实业有限公司股权转让后，第一大股东变更为深圳捷安德，实际控制人由 CVC Capital Partners Asia II Limited 变更为深圳捷安德的控股股

东刘锦钟。公司及其子公司主要从事饮料容器、瓶坯、胶罐制造，批发零售塑料制品、化工原料，制造销售 PET 高级饮料瓶、标签、纸杯、纸箱和非织布等。公司为美国可口可乐、百事可乐两大国际饮料公司在中国的灌装厂，目前是中国规模领先的饮料瓶生产基地。按照 2018 年年报，公司业务结构是：饮料包装制品占比 81.4%，饮料加工占比 15.05%，胶罐业务占比 3.46%，纸杯业务占比 0.08%。

公司财务数据摘要如表 9-1 所示。从表中可以看出，公司营业收入自 2012 年以来有明显下降，近三年虽然维持稳定，但营业收入规模只有 2012 年的一半左右。营业利润、利润总额 2012—2016 年持续为亏损状态，近两处则实现了扭亏，值得关注的是它是在营业收入未明显增长的情况下实现了扭亏。

表 9-1 珠海中富财务数据摘要

项目	2012 年	2013 年	2014 年	2015 年	2016 年	2017 年	2018 年
总营业收入/亿元	31.14	27.96	23.71	18.75	16.2	16.15	16.19
同比/%	-13.78	-10.21	-15.2	-20.91	-13.62	-0.29	0.24
营业利润/亿元	-1.51	-11.49	-0.04	-0.51	-5.5	1.5	0.61
同比/%	-233.69	-661.94	99.67	-1,245.90	-976.27	128.47	-59.59
利润总额/亿元	-1.56	-11.54	0.59	-0.47	-5.73	1.41	0.49
同比/%	-223.81	-638.18	105.1	-179.82	-1,121.14	124.56	-65.33
归属母公司股东的净利润/亿元	-1.81	-11.1	0.42	-0.66	-5.73	0.94	0.22
同比/%	-499.57	-512.09	103.77	-258.68	-764.19	116.39	-76.17
EBIT/亿元	0.89	-1.13	1.3	0.68	-1.35	1.5	0.97
EBITDA/亿元	4.49	2.38	3.91	3.18	1.03	3.42	2.55
总资产/亿元	59.43	45.54	37.2	31.75	26.17	26.47	24.83
总负债/亿元	32.79	34.32	25.92	21.48	20.6	18.77	
股东权益/亿元	26.64	11.22	11.28	10.51	4.7	5.87	6.06
经营活动现金流量/亿元	6.23	3.03	5.95	3.52	2.6	2.88	2.5
投资活动现金流量/亿元	-2.81	-2.68	0.17	0.5	-1.59	-2	-0.46
筹资活动现金流量/亿元	1.17	-4.22	-9.09	-6.49	-1.75	-0.27	-2.45
现金净流量/亿元	4.6	-3.9	-2.96	-2.48	-0.74	0.63	-0.42
销售毛利率/%	14.2	12.69	18.41	18.73	15.73	21.27	19.76
销售净利率/%	-6.54	-42.45	1.58	-3.82	-36.33	5.63	1.25
EBIT Margin/%	1.1	-34.14	9.56	4.59	-27.81	15.79	10.49

续表

项 目	2012	2013	2014	2015	2016	2017	2018
EBITDA Margin/%	12.66	-21.61	20.59	17.91	-13.12	27.69	20.23
ROE（摊薄）/%	-8.56	-103	3.73	-6.33	-119.12	14.28	3.28
ROA/%	-3.42	-22.61	0.91	-2.08	-20.31	3.45	0.79
资产负债率/%	55.18	75.35	69.67	66.89	82.06	77.81	75.58
资产周转率/倍	0.52	0.53	0.57	0.54	0.56	0.61	0.63
EPS（稀释）/元	-0.14	-0.86	0.03	-0.05	-0.45	0.07	0.02
EPS（基本）/元	-0.14	-0.86	0.03	-0.05	-0.45	0.07	0.02
扣非后EPS（基本）/元	-0.14	-0.86	-0.04	-0.07	-0.43	0	-0.04
每股净资产（BPS）/元	1.65	0.84	0.87	0.82	0.37	0.51	0.53
每股销售额（SPS）/元	2.42	2.17	1.84	1.46	1.26	1.26	1.26
每股经营现金流（OCFPS）/元	0.48	0.24	0.46	0.27	0.2	0.22	0.19

数据来源：万德数据。

（2）投资性房地产计量模式变更事项

珠海中富于2018年3月22日对外发布2017年年度报告，并同时发布了对投资性房地产采用公允价值模式计量的公告，公告原文摘录如下。

珠海中富实业股份有限公司关于对投资性房地产采用公允价值模式计量的公告

本公司及董事会全体成员保证公告内容真实、准确和完整，没有虚假记载、误导性陈述或重大遗漏。

由于公司若干自用建筑物停止自用，改为出租，根据《企业会计准则第3号》公司将相关资产转换为投资性房地产，为了更准确地反映公司持有的投资性房地产的价值，增强公司财务信息的准确性，便于公司管理层及投资者及时了解公司真实财务状况及经营成果，本公司第九届董事会2018年第一次会议（2017年度）审议通过了《关于对公司投资性房地产采用公允价值模式进行后续计量的议案》，自相关房屋建筑物于2017年度签订对外出租的租赁协议时起，决定采用公允价值计量模式进行后续计量。

一、情况概述

公司下属子公司与承租人签订经营性租赁协议，主要自2017年度起出租若干房屋建筑物及土地，涉及账面价值3,203.55万元的房屋建筑物和土地使用权。

第九章 资产重估、会计政策选择与公司价值

1. 涉及范围

序号	项目名称	租赁期限	面积	房产证号码	土地权证编号
1	北京经济技术开发区永昌北路18号厂房出租	10年	11,187.17平方米	京房权证开港澳台字第00019号	京技（中外）国用96字第017号
2	天津市开发区第六大街79号出租部分（土地）	至产权人另行开发或变更止	1,000平方米	房地证津字第114011300729号	房地证津字第114011300729号
	天津市开发区第六大街79号出租部分（建筑物）	3年	3,860平方米		
		不定期	7,283.76平方米		
3	南宁西乡塘区科园西十路15号厂房及综合楼出租部分	10年	8,885.74平方米	邕房权证第02358861号和邕房权证第02358860号	南宁国用（2014）第627238号
4	杭州经济技术开发区10号大街29号出租部分	10年	2,200平方米	杭房权证经字第005751号	杭经出国用（2002）字第0005号

公司聘请了评估机构对已出租的房地产市场交易情况进行了调查，对公司截至2017年12月31日的投资性房地产公允价值涉及的相关资产提供价值咨询意见，并出具了相关评估报告，以其评估报告确定的相关投资性房地产的市场价值作为投资性房地产的公允价值。

序号	项目名称	公允价值/元
1	北京经济技术开发区永昌北路18号厂房出租	58,732,600.00
2	天津市开发区第六大街79号出租部分	31,759,700.00
3	南宁西乡塘区科园西十路15号厂房及综合楼出租部分	24,435,800.00
4	杭州经济技术开发区10号大街29号出租部分	8,756,000.00
	合计	123,684,100.00

上述投资性房地产由独立专业合格评估师按收益法进行评估。评估值按预计投资性地产未来的正常净收益，将其折现累加后获得。上述投资性房地产原账面价值与评估价值之差91,648,600.46元的税后金额68,736,450.36元于该些房产自固定资产及在建工程转入投资性房地产时确认为其他综合收益。

二、本次投资性房地产采用公允价值进行后续计量对公司的影响

1. 以上投资性房地产采用公允价值进行后续计量为首次选择，不存在对以前会计年度报表进行追溯调整，不属于会计政策变更。

2. 本次会计政策选择后，公司每个会计年度末均须通过市场调研报告或评估报告对投资性房地产公允价值进行估价，若项目所在地的房地产市场出现大幅变动会导致公允价值的变动，可能会增加公司未来年度业绩波动的风险。

3. 本公告采用公司聘请的广东中广信资产评估有限公司出具的中广信评报字〔2018〕第046号、045号、049号、048号资产评估报告书的有关数据，主要是为了说明本次会计政策选择对公司2017年度报告的影响。

三、董事会关于本次对投资性房地产采用公允价值模式进行后续计量合理性的说明

公司董事会认为：采用公允价值对投资性房地产进行后续计量是目前通行的成熟方法，可以更加真实客观地反映公司价值，有助于广大投资者更全面地了解公司经营和资产情况。采用公允价值对投资性房地产进行后续计量具备必要性。

公司目前投资性房地产项目位于北京、天津、南宁以及杭州，有活跃的房地产交易市场，可以取得同类或类似房地产的市场价格及其他相关信息，采用公允价值对投资性房地产进行后续计量具有可操作性。

基于以上原因，公司董事会同意对公司的投资性房地产采用公允价值进行后续计量。

四、独立董事对本次对投资性房地产采用公允价值模式进行后续计量的独立意见

公司采用公允价值对投资性房地产进行后续计量是目前通行的计量方法，能够客观、全面地反映公司投资性房地产的真实价值。

公司目前投资性房地产项目位于北京、天津、南宁以及杭州，有活跃的房地产交易市场，可以取得同类或类似房地产的市场价格及其他相关信息，具有可操作性。公司投资性房地产的计量方法，能够真实、客观地反映公司资产价值，符合公司及所有股东的利益，同意公司采用公允价值对投资性房地产进行后续计量。

特此公告。

珠海中富实业股份有限公司董事会
2018年3月22日

2. 珠海中富计量模式变更的合理性及当期影响的分析

1）计量模式变更的准则依据

按照中国现行会计准则，房地产在企业中有三种可能分类，分别是开发产品（适用于房地产开发企业）、固定资产和投资性房地产；有两种可能的计量模式，分别是成本计量模式和公允价值计量模式（适用于投资性房地产）。因此，对于投资性房地产后续计量存在使用成本计量模式或公允价值计量模式的会计政策选择问题，会计准则对政策选择作出了一些限制性规定。例如，全部投资性房地产只能选择一种计量模式，采用公允价值计量须有可靠证据表明公允价值信息可以获得，已转为公允价值计量的不再允许转回成本计量模式，转换产生的价值差异调整期初留存收益而不计入当前损益，等等。

实践中，企业还会存在将开发产品或自用固定资产转为投资性房地产的决策问题，而且在转换时通常也是由原科目的成本计量模式转换为公允价值计量模式，本案例就属于这一情形。对于这种类型的转换，准则要求：若转换日公允价值小于原账面价值，其差额计入"公允价值变动损益"，影响当期利润；相反，若转换日公允价值大于原账面价值，其差额计入"其他综合收益"（原为资本公积——其他资本公积），待处置该房地产时，再将"其他综合收益"转为"其他业务收入"，这意味着该类转换不属于会计政策选择，而属于资产重分类，影响当期综合收益。

2）对当期财务报表的影响

因公告中指出"自相关房屋建筑物于2017年度签订对外出租的租赁协议时起"采用公允价值计量，所以此次对房地产计量模式的变更影响的是2017年度的财务报表。依据公司发布的对外财务报告，2017年相关的盈利和资产数据摘要如表9-2所示：

表9-2 珠海中富2017年损益及资产数据摘要

项目	2016年	2017年	增减
营业收入	1,619,568,369元	1,614,849,088元	-0.29%
归母净利润	-573,494,667元	93,969,583元	116.39%
扣除非经常性损益的归母净利润	-510,719,355元	4,540,360元	100.89%
经营活动产生的现金流量净额	259,753,524元	288,224,540元	10.96%
基本每股收益	-0.45元	0.07元	116.24%
加权平均净资产收益率	-75.30%	17.78%	93.08%
其他综合收益	6,616,417元	69,285,460元	947%
固定资产原值	5,690,963,953元	5,568,617,458元	-2.15%
计提折旧	215,651,832元	166,456,060元	-22.81%
总资产	2,617,415,137元	2,647,027,237元	1.13%
归母净资产	481,458,440元	658,071,019元	36.68%

数据来源：公司年报。

从表9-2中可见，2017年珠海中富实现了扭亏为盈，归母净利润达到9,397万元，净资产收益率高达17.98%，归母净资产也大幅提高，增幅高达36.68%。然而须注意到，公司营业收入并未增长，甚至出现微幅下降，剔除非经常损益后的净利润只有 454 万元。利润贡献中非流动资产处置收益 7,694 万元，公允价值变动损益（投资性房地产）占 477 万元，说明企业的盈利能力仍不稳健。

本次计量模式变量对报表有着显著的影响。其一是对资产负债表的影响，显著增加资产数。如果企业本次不对相应房地产计量模式进行变更，合并报表总资产将相应减少 9,164.8 万元。具体地讲，投资性房地产项目仍将维持期初余额的 1.64 亿元，而不是 2.92 亿元；相应地，固定资产原值和净值也将分别少下降 5,801.6 万元和 2,542.7 万元。其二是对利润表的影响，若无该项重分类，利润表中 2017 年度其他综合收益将少计 6,876.3 万元（91,648,600.46 元重估升值部分的税后金额），且需要多计提折旧约 312.7 万元，意味着利润总额将因此而减少。

3) 对公司股价的影响

珠海中富 2017 年实现扭亏为盈，改变了连续亏损局面，不仅在证券市场摘除了退市风险警示的帽子，而且对股价波动产生了影响。具体过程如下：

根据＊ST 中富 2018-033 号的公告信息，珠海中富因 2015 年、2016 年两个会计年度经审计的净利润连续为负值，根据《深圳证券交易所股票上市规则》的有关规定，公司股票自 2017 年 5 月 3 日起实行退市风险警示。2018 年，根据中喜会计师事务所（特殊普通合伙）出具的 2017 年度《审计报告》，公司 2017 年度实现营业收入 1,614,849,088.04 元，归属于母公司股东的净利润为 93,969,583.37 元，归属于母公司股东的净资产为 658,071,019.69 元。因公司 2017 年度经审计的净利润、期末净资产均为正值，根据《深圳证券交易所股票上市规则（2014 年修订）》13.2.10 条的规定，公司股票被实施退市风险警示特别处理的情形已消除。公司召开第九届董事会 2018 年第一次（2017 年度）会议，审议通过了《关于申请撤销退市风险警示的议案》，并于 2018 年 3 月 22 日向深圳证券交易所提交了撤销退市风险警示的申请。2018 年 3 月 30 日，公司收到深圳证券交易所公司管理部发出的问询函，要求公司对相关问题进行说明，提供相关证明文件，并要求年报审计机构发表意见。后经补充说明，公司股票于 2018 年 4 月 25 日开市起撤销退市风险警示，公司证券简称由"＊ST 中富"变更为"珠海中富"，股票交易的日涨跌幅限制由 5% 变更为 10%。摘帽当日，股票市场产生了剧烈的波动反应，2018 年 4 月 25 日，股价最高达到 4.09 元，较前一交易日收盘价涨幅达到 9.23%，但最终涨幅收窄到 0.53%，成交量显著放大，达 3,948 万股，是之前交易日的 2 倍多。在后续交易日中，在大市相对平稳的情况下，企业股价出现大幅升跌，波动剧烈。

3. 长期价值风险

珠海中富资产重估行为对企业的长期价值也产生了一定的影响，即估值行为

不仅影响到会计当期,还影响到后续期间的报表表现,分述如下:

(1) 对利润表的长效影响。由于投资性房地产与原作为固定资产核算的房屋及建筑物在核算方法上的差异,导致重估后企业报表利润受到影响。影响的主要方面是不再计提房屋及建筑物的折旧,从而降低企业营业成本,改善报表盈利表现。同时,在原资产为闲置的前提下,出租房屋及建筑物可增加企业收入。增收减支的结果是提高企业报表盈利表现。具体到本例中,上述四项房地产转为公允价值计量模式后,固定资产原值减少 58,016,315.29 元。公司对房屋及建筑物的折旧采用年限平均法,折旧年限 10~40 年,残值率 5%~10%,年折旧率为 2.25%~9.5%,取中值 5.875%,则该项转出后每年少计提 3,408,458 元折旧。如表 9-3 所示,2018 年半年报中折旧计提为 7,257,981.41 元,按此推算全年将少计提 451 万元。同时,该四项房地产 2018 年上半年产生收入 558 万元(见表 9-4)。可见本次计量模式变更对企业报表损益有显著影响。

表 9-3 珠海中富房屋及建筑物价值明细表　　　　　　单位:元

项　　目	房屋及建筑物价值 (2017 年年报)	房屋及建筑物价值 (2018 年半年报)
账面原值		
期初余额	684,724,330.41	587,086,528.30
本期增加金额	789,653.25	567,567.57
本期减少金额	98,427,455.36	0.00
处置或报废	26,605,537.57	0.00
转入投资性房地产	58,016,315.29	0.00
处置子公司减少	13,805,602.50	0.00
期末余额	587,086,528.30	587,654,095.87
累计折旧		
期初余额	311,667,681.84	287,734,480.18
本期增加金额	19,030,169.56	7,257,981.41
计提	19,030,169.56	7,257,981.41
本期减少金额	42,963,371.22	0.00
处置或报废	12,754,617.47	0.00
转入投资性房地产	21,653,614.04	0.00
处置子公司减少	8,555,139.71	0.00
期末余额	287,734,480.18	294,992,461.59

数据来源:公司 2017 年报、2018 半年报。

表 9-4 2018 年上半年珠海中富投资性
房地产收入与公允价值情况

项目名称	建筑面积/平方米	报告期租金收入/元	期初公允价值/元	期末公允价值/元
珠海项目	11,210.01	828,918.96	38,114,000.00	38,114,000.00
北京项目1	19,777.00	913,257.66	54,189,000.00	54,189,000.00
北京项目2	11,187.17	2,380,952.40	58,732,600.00	58,732,600.00
杭州项目	22,037.72	2,686,181.61	85,403,200.00	85,403,200.00
南宁项目	8,885.74	945,526.84	24,435,800.00	24,435,800.00
天津项目	11,143.76	1,946,125.72	31,759,700.00	31,759,700.00
合计	84,241.40	9,700,963.19	292,634,300.00	292,634,300.00

数据来源：公司 2017 年报、2018 半年报。

（2）资产重估对资产负债表也有长效影响。由于房屋及建筑物重估升值，企业总资产和净资产增加，在负债规模未变动的情况下，企业资产负债率将得以改善。本案例中，2017 年年报中，投资性房地产账面价值大幅升高，其中来自重估升值的部分就达到 9,165 万元。从表 9-5 中可以看出，若不考虑投资性房地产，企业的资产负债率从 2016 年到 2018 年上半年基本稳定在 87% 左右的水平，但由于投资性房地产的价值变动（包含计量模式变更新进入的四项房地产），使其资产负债率较之前下降了约 5 个百分点，产权比率也由原来的 4.57 倍下降到 3.5 倍。

表 9-5 珠海中富资本结构情况

项目	2016 年	2017 年	2017 年	2018 年
资产合计/万元	261,742	281,610	264,703	267,795
投资性房地产/万元	16,418	16,418	29,263	29,263
负债合计/万元	214,786	233,327	205,973	208,365
资产负债率	82.1%	82.9%	77.8%	77.8%
资产负债率（剔除房地产重估因素）	87.6%	88.0%	87.5%	87.4%
所有者权益合计/万元	46,955	48,283	58,729	59,431
其他综合收益/万元	-31	303	6,897	6,932
产权比率	4.57	4.83	3.51	3.51
产权比率（剔除其他综合收益）	4.57	4.86	3.97	3.97

数据来源：公司年报。

但应注意到，通过资产重估改善报表表现也存在价值风险。一方面，本案例中将现有或新建厂房出租虽可取得低风险的租金收入，但意味着自我生产经营机会的放弃,对企业核心经营能力的发展扩大是不利因素,向市场传递市场扩展能力不足信号;另一方面,在营业收入未得到改善前提下的资本结构指标优化,并不能真正改善企业的负债能力,负债能力的源泉还是企业的盈利能力。如表9-6所示,珠海中富2017年营业收入较上年略有下滑,2017年盈利提高只是通过降低营业成本实现,而营业成本的降低主要得益于折旧及摊销、人工成本和维修保养费的大幅降低,未能向投资者展现出其盈利增长的可持续性。故而投资者也并未对股价作出积极反应,除短期波动加大外,企业股价表现明显弱于大盘,如图9-1所示。资产重估未能产生长期的价值增值效应。

表9-6 珠海中富营业成本构成情况对比

项目	2017年	2016年	2017年较2016年增减	减少额占销售收入比例
营业收入	1,614,849,088.04元	1,619,568,369.39元	-4,719,281.35元	-0.29%
营业成本	1,271,404,092.23元	1,364,804,207.57元	-93,400,115.34元	-5.78%
其中:原材料	720,329,321.75元	675,914,477.62元	44,414,844.13元	2.75%
人工成本	138,537,099.23元	167,542,408.51元	-29,005,309.28元	-1.80%
能源成本	178,529,918.96元	195,565,770.38元	-17,035,851.42元	-1.05%
折旧及摊销	121,800,558.58元	178,678,582.85元	-56,878,024.27元	-3.52%
维修保养费	29,947,722.48元	58,800,927.06元	-28,853,204.58元	-1.79%
其他	82,259,471.23元	88,302,041.15元	-6,042,569.92元	-0.37%
营业利润	343,444,995.81元	254,764,161.82元	88,680,833.99元	5.49%
毛利率	21.27%	15.73%	5.54%	

数据来源:公司年报。

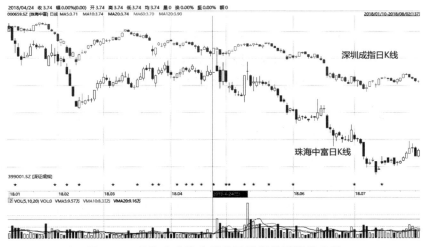

图9-1 珠海中富资产重估及摘帽前后股价表现

数据来源:万德数据。

三、会计政策变更影响公司价值的案例分析——
基于恒通科技

1. 案例公司简介

恒通科技全称为北京恒通创新赛木科技股份有限公司，于2006年8月31日在北京注册成立，主要从事新型墙体材料、建筑结构材料、室内外装饰材料、园林景观材料等环保建材的研发、生产、销售和组装。经过历年的转增股本及增发新股，到2018年12月31日，公司注册资本达到24,591万元。2018年业务收入构成情况为：集成房屋占比76.56%，再生资源占比12.42%，建筑结构材料占比6.27%，墙体材料占比3.19%，建筑功能材料占比0.64%，其他占比0.92%。公司第一大股东及实际控制人为孙志强，持股比例为40.83%。

公司于2015年3月上市。2013年、2014年营业收入增长分别达到18.76%和16.80%，2015年收入增长下降到8.5%，2012年到2014年的净利润均在6,000万元以上，但2015年下降到4,313万元，存在上市后即业绩变脸的问题。

2. 恒通科技坏账准备计提政策变更

1）变更过程

在公司2016年的年度报告中提出，公司在评估应收账款状况的基础上，对坏账准备计提政策进行变更，变更方向是细化应收账款的信用风险分类，由原来的五档分类增加到七档分类，相应的报告原文详见下摘抄。

以下报告原文摘自公司2016年年度报告第五节第六点：

北京恒通创新赛木科技股份有限公司
2016年度财务报告（摘录）

六、董事会关于报告期会计政策、会计估计变更或重大会计差错更正的说明
√ 适用　□ 不适用

随着公司业务的发展、业务范围、业务模式的变化，应收款项的信用风险特征也随之不断变化。为了更加公允地反映公司财务状况及经营成果，有效防范经营风险，公司结合应收款项的构成、近年来应收款项的回款情况、实际坏账发生情况，对公司的坏账准备计提进行了充分评估，进一步细化了信用风险特征组合类别，经2016年12月30日召开的公司第二届董事会第三十四次会议审议通过，对公司应收款项"组合中，采用账龄分析法计提坏账准备"的会计估计进行变更。

根据《企业会计准则第 28 号——会计政策、会计估计变更和差错更正》的相关规定，本次会计估计变更采用未来适用法进行会计处理，不追溯调整，不会对以前各个会计年度财务状况和经营成果产生影响。本年会计估计变更对 2016 年净利润影响金额为 718.27 万元。

坏账准备计提变化前后的标准详见表 9-7。从表中可见，政策变化的内容主要是将原来 1 年以内的应收账款分为两档：半年以内和半年到一年的，对于前者计提 1% 的坏账准备，对于后者则维持不变；增加 5 年以上应收账款档次，计提 100% 坏账准备；而 4~5 年的、3~4 年的应收账款计提标准均显著降低，前者由原来的 100% 降到 50%，后者由原来的 50% 降到 30%。

表 9-7 恒通科技坏账准备计提标准

2017 中报		2016 年报		2016 中报		2015 年报	
账龄	提取比例/%	账龄	提取比例/%	账龄	提取比例/%	账龄	提取比例/%
半年以内	1.00	半年以内	1.00	1 年以内	5.00	1 年以内	5.00
0.5~1 年	5.00	0.5~1 年	5.00	1~2 年	10.00	1~2 年	10.00
1~2 年	10.00	1~2 年	10.00	2~3 年	20.00	2~3 年	20.00
2~3 年	20.00	2~3 年	20.00	3~4 年	50.00	3~4 年	50.00
3~4 年	30.00	3~4 年	30.00	4~5 年	100.00	4 年以上	100.00
4~5 年	50.00	4~5 年	50.00				
5 年以上	100.00	5 年以上	100.00				

数据来源：公司年报。

2）政策变更对企业的影响

（1）对报表利润的影响。如同年报公告中所称，该项会计政策变更对 2016 年净利润影响金额为 718.27 万元，即通过减少计提坏账准备引起的资产减值损失，公司当年利润上升 718.27 万元，占当期净利润的 14.2%，为当期利润增长作出了显著贡献。

实际上，除了对政策变更当年产生影响，后续会计期间都将受到影响。笔者根据公司 2016 年报、2017 半年报公布的应收账款余额数据，分别按原计提标准与新计提标准计算坏账准备余额，进而推算对报表盈利的影响，计算结果详见表 9-8。若按原坏账准备计提政策，2016 年年报中将要多提取 8,862,219 元坏账准备，即资产减值要多于报表数 8,862,219 元，考虑所得税影响，净利润将比报表数减少 6,646,664 元。同理，2017 年中报计提标准调整后少计提坏账准备 9,771,098 元，差额较上期末扩大 -908,879 元，这也是对当期报表利润的影响金额。

表 9-8 恒通科技坏账准备计提政策变更对盈利的影响

报告期	账龄	应收账款金额/元	坏账准备余额/元	计提标准/%	较上年新增（影响损益）/元	原计提标准/%	若计提政策不变		
							坏账准备余额/元	坏账准备与实际的差额/元	
2017中报	半年以内	208,805,161	2,088,052	1	147,716	5	10,440,258	-8,352,206	
	0.5~1年	188,354,949	9,417,747	5	6,424,405	5	9,417,747	0	
	1~2年	163,062,788	16,306,279	10	1,026,434	10	16,306,279	0	
	2~3年	19,317,101	3,863,420	20	2,197,637	20	3,863,420	0	
	3~4年	6,669,819	2,000,946	30	396,926	50	3,334,909	-1,333,964	
	4~5年	169,855	84,928	50	53,398	100	169,855	-84,928	
	5年以上	282,193	282,193	100	182,642	100	282,193	0	
2017中报汇总		586,661,866	34,043,564		10,429,159		43,814,662	-9,771,098	
2016年报	半年以内	194,033,562	1,940,336	1		5	9,701,678	-7,761,342	
	0.5~1年	59,866,842	2,993,342	5	-6,958,099	5	2,993,342	0	
	1~2年	152,798,453	15,279,845	10	-1,398,804	10	15,279,845	0	
	2~3年	8,328,914	1,665,783	20	-2,411,492	20	1,665,783	0	
	3~4年	5,346,733	1,604,020	30	1,307,593	50	2,673,367	-1,069,347	
	4~5年	63,059	31,529	50	31,529	100	63,059	-31,529	
	5年以上	99,550	99,550	100		100	99,550	0	
2016年报汇总		420,537,113	23,614,405		-9,429,271		32,476,624	-8,862,219	
2015年报	1年以内	237,835,531	11,891,777	5					
	1~2年	166,786,488	16,678,649	10					
	2~3年	20,386,373	4,077,275	20					
	3~4年	592,853	296,427	50					
	4~5年	99,550	99,550	100					
2015年报汇总		425,700,796	33,043,677						

（2）对公司融资的影响，在本案例中具体指对配股融资金额存在潜在影响。公司在 2017 年 4 月 10 日发布了配股公告，预计募集资金数额（包含发行费用）不超过 6.50 亿元，扣除发行费用后，募集资金净额拟用于装配式建筑部品部件智能制造项目（江苏宿迁）、装配式建筑部品部件智能制造项目（新疆喀什）、装配式建筑部品部件智能制造项目（新疆吐鲁番）及补充流动资金。配股方案的公告摘录如下。

北京恒通创新赛木科技股份有限公司
2017 年度配股公开发行证券预案（摘录）

（三）配股基数、比例和数量

本次配股拟以实施本次配股方案的股权登记日收市后的股份总数为基数，按照每 10 股配售不超过 3 股的比例向全体股东配售。配售股份不足 1 股的，按中国证券登记结算有限责任公司深圳分公司的有关规定处理。若以公司截至 2017 年 3 月 31 日的总股本 194,680,000 股为基数测算，本次配售股份数量不超过 58,404,000 股。本次配股实施前，若因公司送股、资本公积金转增股本及其他原因导致公司总股本变动，则配售股份数量按照变动后的总股本进行相应调整。最终配股比例和配股数量提请股东大会授权公司董事会在发行前根据市场情况与保荐机构/主承销商协商确定。

（四）定价原则及配股价格

1. 定价原则

（1）采用市价折扣法进行定价；

（2）本次配股价格不低于发行前公司最近一期经审计的每股净资产值；

（3）参考公司股票在二级市场的价格、市盈率及市净率等估值指标，并综合考虑公司发展与股东利益等因素；

（4）遵循公司董事会与保荐机构/主承销商协商确定的原则。

2. 配股价格

依据本次配股的定价原则，采用市价折扣法确定配股价格，最终配股价格提请股东大会授权公司董事会在发行前根据市场情况与保荐机构/主承销商协商确定。

2017 年 10 月 30 日中国证券监督管理委员会批复了公司的配股方案，核准公司向原股东配售 58,404,000 股新股。

2017 年 12 月实际配股完成，向截至股权登记日 2017 年 12 月 18 日深圳证券交易所收市后的在册全体股东，按照每 10 股配 3 股的比例配售。发行价格为 11.12 元/股。

公司的本次配股符合《创业板上市公司证券发行管理暂行办法》对配股的一些条件规定，例如最近两年盈利、最近两年实施现金分红等。2016年公司的会计政策调整对配股的可能影响是配股定价方面，根据公司公告，公司采用"参考公司股票在二级市场的价格、市盈率及市净率等估值指标"进行定价。从实际配股价格来看，价格确定为42.77倍市盈率，即以2016年公司基本每股收益0.26元为基础（见表9-9），42.77倍市盈率的股价即为11.12元/每股。该比率符合公司在配股实施期间市盈率波动的区间范围（见图9-2），在2017年12月前后，公司PE的波动区间在接近41倍曲线的上方。如果剔除会计政策变更产生的利润影响，即按公司公告从2016年净利润中减除718.27万元，则公司基本每股收益减少0.037元，为0.223元，如果仍然按42.77倍市盈率计算，则配股价格为9.54元，募集资金减少9,241万元。

表9-9 恒通科技配股前的收益情况

项目	期间	加权平均净资产收益率/%	基本每股收益/元	稀释每股收益/元
归属母公司股东的净利润	2017年1—6月	3.45	0.14	0.14
	2016年度	6.40	0.26	0.26
	2015年度	6.47	0.23	0.23
	2014年度	14.85	0.37	0.37
扣除非经常性损益后的归属母公司股东的净利润	2017年1—6月	3.08	0.13	0.13
	2016年度	5.61	0.23	0.23
	2015年度	4.66	0.17	0.17
	2014年度	13.36	0.33	0.33

数据来源：公司年报。

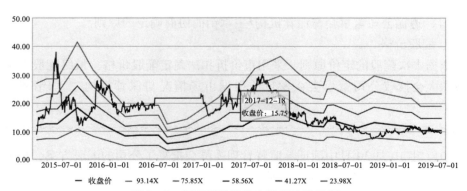

图9-2 恒通科技股价市盈率波动区间

数据来源：万德数据。

第十章
盈余管理与公司价值

一、盈余管理理论分析

(一) 盈余管理动机

国内外学者对于企业为什么要进行盈余管理的探讨较多。管理层进行盈余管理的原因并不是一直存在，只有当企业有特定的盈余目标时才存在盈余管理的动机。西方学者总结了管理层进行盈余管理的三大动机：契约动机、资本市场动机和政治成本动机。Watts 和 Zimmerman (1986) 提出管理层进行盈余管理的三个目标假设：获得年度奖金、避免债务危机和规避政治风险。Scott (1997) 在已有研究的基础上证实了 Watts 和 Zimmerman 提出的盈余管理的三个目标假设，同时也提出避税、信息传递和巨额冲销等盈余管理的动机。

现代企业的两权分离制度产生了契约动机。股东和企业管理层之间的关系实质为一种契约关系，股东制定业绩目标，基于契约关系，企业经营者需要实现股东制定的业绩目标，因此，企业经营者基于契约的压力存在操控盈余以实现业绩目标的动机。Healy (1985) 研究发现，管理层可以通过调整应计项目实现业绩目标，进而达到报酬最大化目的。刘睿智 (2009) 对我国企业高管薪酬和盈余管理的关系进行了研究，发现高管的年薪随着企业利润的提高而提高，高管盈余管理的动机随着企业利润和高管薪酬间相关性的提高而提高。管理层未达到盈余目标可能面临被解雇风险 (Hazarika 等, 2012)。

资本市场动机包括满足上市要求、达到增发或配股要求、套利动机等。陈小悦等 (2000) 和陆宇建 (2002) 研究发现，企业存在为了达到配股要求而进行盈余管理的行为。Healy 和 Wahlen (1999) 认为企业在发行股票前和管理层收购等资本市场重要动作的时间节点存在着盈余管理现象。另外，证券分析师作为资本市场的信息中介，分析师的关注也会构成企业的盈余压力，为了达到分析师的盈余预测，维护股价稳定或上升势头，企业也可能进行盈余管理。

政治成本原因主要指税收筹划和社会监管遵从两个方面的考虑。Jones (1991) 对美国企业进行了调研，发现管理层会通过向下的盈余管理来下调盈余，从而得到进出口减免税的优惠。基于 2004 年和 2012 年两次煤电联动的政策背景，本书利用双重差分模型实证检验了联动政策对电力企业盈余管理的影响。吴德军、郭慧敏和郭飞（2016）对中国火电企业的会计行为研究发现：在 2004 年煤电联动政策首次推出后，不断上涨的煤价导致较低的政治成本，火电企业倾向于正向盈余管理；而 2012 年联动政策修订后，煤价下跌导致火电企业面临较高的政治成本，致使火电企业进行负向盈余管理。该研究验证了政治成本的变化会驱动火电企业进行不同方向的盈余管理。刘运国和刘梦宁（2015）利用 2011 年年底 PM2.5 爆表这一具有自然实验性质的外生事件，实证检验了政治成本对于重污染企业盈余管理的影响。结果发现，在 PM2.5 爆表事件后，相比于非重污染企业，重污染企业进行了显著向下的盈余管理。这些研究均表明对环保等社会监管的遵从压力构成了企业进行盈余管理的动机。

（二）盈余管理方式

企业进行盈余管理的方式不断推陈出新，体现出与会计制度和政府监管的博弈特征。但不论其具体的操作方式如何，从基本渠道看可以分为两类：应计盈余管理和真实盈余管理。前者是通过对应计项目的会计调整或操纵实现对盈利数字的影响；后者是通过真实发生的交易行为进行，这些交易行为不是为了商业目的，而是为了报表目的。盈余管理方式的研究始于对应计盈余管理的研究，因此，国内外学者们对应计盈余管理的相关研究较多，近年来对真实盈余管理的研究逐渐兴起。

应计盈余管理手段有操纵成本及费用确认、资产减值政策等，真实盈余管理手段有操控销售、减少可操控的费用支出、将长期资产出售、过量生产，等等。Dechow 和 Skinner（2000）研究发现，企业会灵活选择会计方法以达到掩饰或者粉饰真实业绩的目的。孙铮和王跃堂（1999）认为应计盈余管理在会计政策的弹性范围内调整会计数据，是一种合法的手段。应计盈余管理的制度基础是现行会计制度以权责发生制为确认基准，权责发生制虽然有利于提高会计信息的相关性，但同时也为某些企业人为调整应收应付项目确认时间、确认标准提供了空间。例如，企业以下的会计行为就可能透露出盈余管理的信号：

（1）会计政策和会计估计变更。一般来说，企业对会计政策和会计估计进行变更是因为赖以估计的资产或负债计量基础发生了变化，或者由于经验的积累能够提供更科学、更准确的估计。但是这种自主权可能被某些企业在不符合会计准则要求的条件下进行另有目的的变更，所谓另有目的可能就是为了改善企业的财务业绩。因此，在企业面临不良经营状况时，如果企业所做的会计政策和会计估计的变更恰恰有利于企业账面利润的改善，那么这种变更便可以视为企业利润质量恶化的一种信号，存在利用会计政策和会计估计变更实现盈余管理的可能。

（2）企业计提的各种减值准备过低。按照现行会计制度规定，企业在资产负债表日应当对企业的主要资产和负债项目进行价值测试，资产项目包括应收账款、存货、投资性资产、固定资产、无形资产、在建工程等，如果资产当前价值低于账面价值且预期短期内不会回调，则应计提减值准备。正常情况下，企业均会有一定比例的坏账准备、存货跌价准备，固定资产折旧也应处于合理水平，但由于计提减值准备以及计提折旧的幅度在相当的程度上取决于企业的专业判断力和主观意愿，因而在一些情况下会被管理者作为盈余管理的工具。如果企业希望进行向上的盈余管理，往往会选择减少减值计提和折旧计提，这就等于把应当由现在或以前负担的损失或费用人为地推移到企业未来的会计期间。

真实盈余管理手段有操控销售、减少可操控的费用支出、将长期资产出售、过量生产，等等。Roychowdhury（2006）的研究发现，企业会通过真实交易行为，例如扩大销售、生产等手段，以提高企业盈余，避免报告亏损。Edelstein等（2008）认为企业会为了解除股利支付的约束而通过真实盈余管理来降低税收收入。Gunny（2005）研究发现，真实盈余管理活动会对企业的业绩造成损害。以下会计现象也可被视为企业真实盈余管理的信号：

（1）应收账款规模的不正常增加、应收账款平均收账期的不正常延长。应收账款对应于企业的赊销，在企业赊销政策保持稳定的情况下，企业的应收账款规模应该与企业的营业收入规模保持相对稳定的对应关系，平均收账期也应大体稳定。如果在市场整体环境、企业信用政策等基本条件未改变的情况下，企业应收账款规模或收账期明显延长，就应当引起警惕，企业存在利用关联方虚购销售的风险，或者企业存在牺牲商业利益换取短期收入扩大的可能，其最终目的是实现盈余管理。

（2）企业利润表中的销售费用、管理费用等项目异常降低。企业利润表中的销售费用、管理费用包含的具体项目很多，有相对固定的部分，也有与业务量相关的变动部分。其中，固定部分包括相关设施的折旧费、人员经费等不随企业业务变化而变化的费用，变动部分包括销售费用中的运输费、包装费等。总体上，企业各个会计期间的总费用会呈现出随企业业务量变化而相应变化的特征，只是增减幅度可能不成正比。当业务量增加时，费用总额一般会相应增加；而当业务量下降时，企业期间费用可能不下降，反而可能发生更多广告费、促销费、新产品开发研制费等项支出。正是由于期间费用的发生与业务规模具有非线性关系，管理者具有很大的自由裁量空间，因而很容易被用来作为企业盈余管理的工具。如果某会计期，企业销售费用和管理费用出现非持续性下降，且费用规模异常降低，投资者就应警惕企业盈余管理的可能。

（3）企业无形资产或者开发支出规模的不正常增加。通常情况下，企业自行研发技术等无形资产所发生的研发支出，一般都计入当期的利润表，在资产负债表上列示的无形资产主要是企业从外部取得的无形资产。如果企业出现无形资产或者开发支出的不正常增加，则可能是因为当期盈利下降而导致企业将部分研发费用资本化，压缩当期报表中成本数字的结果。

（4）企业的业绩过于依赖非经常性损益项目。正常情况下，企业利润应主要来自日常经营活动产生的利润，在核心利润、投资收益以及利得项目三个部分构成中，核心利润应当是主体。如果企业利润主要来自利得项目，例如企业通过处置固定资产、债务重组的收益增加利润，这类非经常性活动产生的收益不具有可持续性，通常是一次性的，那么由此类活动"撑"起的报表利润并不代表企业有良好投资价值，它往往是企业为应对市场压力的应急之策。

在后来的研究中，越来越多的学者将两种盈余管理的方式同时纳入自己的研究中。Kim 和 Sohn（2011）认为，真实盈余管理比应计盈余管理对市场产生的影响更大，后果更严重；此外，投资者获得的信息质量随着企业应计盈余管理和真实盈余管理活动的增加而下降，投资风险相伴上升。Cohen 和 Zarowin（2010）研究发现，企业在增发股票再融资的过程中会同时选择应计盈余管理和真实盈余管理两种方式。李增福等（2011）对股权再融资的研究同样证实，企业会同时选择应计盈余管理和真实盈余管理两种方式，且进一步指出，应计盈余管理的实施导致了企业短期经营业绩的下滑，而真实盈余管理的实施导致了企业长期经营业绩的下滑。顾鸣润和田存志（2012）研究发现，以两种方式——应计盈余管理和真实盈余管理方式操控盈余的现象在首次公开发行股票的企业中较为常见，真实盈余管理活动对公司上市后的业绩造成负面影响。林芳和冯丽丽（2012）认为，盈余管理与管理层权力之间存在着一定的联系，国有企业和非国有企业对盈余管理方式的选择不同，真实盈余管理常见于国有企业当中，而另外一种盈余管理常见于非国有企业当中。林永坚等（2013）发现企业高管变更不仅和应计盈余管理存在显著相关关系，还和另外一种盈余管理——真实盈余管理存在着显著相关关系。Lin 等（2006）研究发现，企业管理层为达到分析师预测的盈余可能混合使用应计盈余管理和真实盈余管理两种方式。

学者们进一步讨论了两种盈余管理方式之间的关系。有研究表明两种盈余管理方式之间是互补关系。王良成（2014）认为应计盈余管理和真实盈余管理是同向变动的互补关系，同增同减。而更多的研究表明应计盈余管理和真实盈余管理之间是替代关系。Zang（2012）认为，企业会在两种盈余管理方式之间进行转换，他认为在一般情况下，企业会优先选择真实盈余管理来操纵盈余，由于应计盈余管理不够灵活，年末才会实施应计盈余管理。企业选择哪一种方式来操纵盈余与实施该种方式会付出的代价有关系：当企业进行应计盈余管理付出的代价较小，而进行真实盈余管理的代价较大时，会选择应计盈余管理；当企业进行真实盈余管理付出的代价较小，而进行应计盈余管理的代价较大时，会选择真实盈余管理。Szczesny 等（2008）基于中国样本进行了研究，提出了不同观点，他们认为企业会优先使用应计盈余管理方式进行盈余操纵，只有当限制了应计盈余管理方式之后才会使用真实盈余管理。Cohen 等（2008）以美国萨班斯法案为研究时间节点，发现企业的应计盈余管理程度较高和真实盈余管理程度较低的现象出现在这一时间节点前，在节点之后，有所减少的是企业的应计盈余管理，有所增加的是真实盈余管理，表明不易被监管的盈余操纵方式是真实盈余管理，当一种盈余管理方式监管成本增加时，企业会倾向于选择另一种不易被监管的盈余管理方式。曹国华等（2011）认为企业使用应计盈余管理方式操纵盈余与外部监管的力度有关，外部监管力度越强，应计盈余管理越少，逐渐转而进行真实盈余管理。范经华等（2013）认为，企业的应计盈余管理活动可以被内部控制约束，但真实盈余管理行为不可以被内部控制约束。龚启辉等（2015）进行理论分析和实证检验后认为，如果管理层进行一种盈余管理所付出的成本降低时，那么管理层会更愿意使用这种盈余管理方式而不使用其他盈余管理方式，他们认为在这种情况下，企业总的盈余管理水平会有所提高，因为他们发现，由成本导致的其他方式盈余管理的增加要大于该种盈余管理的减少。

二、盈余管理影响公司价值的案例分析——基于 ZH 公司

1. 案例公司及行业背景简介

1）案例公司简介

ZH 公司由几家大型企业在 2001 年 12 月发起设立，并于 2006 年 12 月 8 日在深交所上市，营业收入超过 180 亿元，资产规模超过 600 亿元。公司属于生产基本化工原料的氯碱行业，主营聚氯乙烯树脂（PVC）、离子膜烧碱、粘胶纤维、棉纱等产品。公司产品除在国内销售外，还远销到俄罗斯、中亚、南亚、南美洲和非洲等国家和地区，享有较高的市场知名度和信誉。公司目前拥有 21 家控股子公司、7 家参股公司，员工近 1.5 万人。

公司所在的氯碱化工行业是以盐和电为原料生产烧碱、氯气、氢气的基础原材料工业，产品种类多，关联度大，其下游产品达到上千个品种，具有较高的经济延伸价值。它广泛应用于农业、石油化工、轻工、纺织、建材、电力、冶金、国防军工、食品加工等领域，在我国经济发展中具有举足轻重的地位。表 10 - 1 为 ZH 公司 2012—2015 年的财务数据概况。

表 10 - 1　ZH 公司财务数据概况

项　目	2012 年	2013 年	2014 年	2015 年
总营业收入/亿元	71.13	120.46	111.77	152.63
同比/%	-0.13	69.35	-7.21	36.56
营业利润/亿元	2.47	0.97	3.62	-0.54
同比/%	-61.43	-58.88	274.24	-114.84
利润总额/亿元	3.21	1.55	4.01	2.47

续表

项　　目	2012 年	2013 年	2014 年	2015 年
同比/%	-47.39	-50.12	159.38	-38.3
归属母公司股东的净利润/亿元	2.71	1.14	3.32	0.08
同比/%	-44.75	-56.11	191.93	-97.69
EBIT/亿元	3.49	8.14	11.04	10.12
EBITDA/亿元	9.79	23.26	20.7	22.66
总资产/亿元	219.25	250.05	317.14	370.28
总负债/亿元	147.42	163.55	214.91	250.63
股东权益/亿元	71.84	86.49	102.23	119.65
经营活动现金流量/亿元	5.91	31.98	25.72	6.9
投资活动现金流量/亿元	-64.23	-54.25	-19.96	-52
筹资活动现金流量/亿元	51.41	17.75	5.56	39.76
现金净流量/亿元	-6.94	-4.63	11.4	-5.2
销售毛利率/%	20.11	22.12	27.3	23.06
销售净利率/%	3.92	0.96	3.02	1.23
EBIT Margin/%	5.85	6.84	10.34	7.77
EBITDA Margin/%	14.71	19.39	18.98	15.98
ROE（摊薄）/%	3.78	1.35	3.81	0.08
ROA/%	1.5	0.49	1.19	0.55
资产负债率/%	67.24	65.41	67.76	67.69
资产周转率/次	0.38	0.51	0.39	0.44
EPS（稀释）/元	0.23	0.09	0.25	0.01
EPS（基本）/元	0.23	0.09	0.25	0.01
扣非后 EPS（基本）/元	0.17	0.05	0.2	-0.1
每股净资产/元	6.2	6.08	6.26	6.24
每股销售额/元	6.16	8.66	8.04	10.98
每股经营现金流/元	0.51	2.3	1.85	0.5

数据来源：万德数据。

2）行业背景简介

氯碱行业主要产品是聚氯乙烯（PVC）和烧碱，主要用于制造建筑型管材、塑料膜、有机化学品、造纸、肥皂、玻璃、化纤等领域，是重要的基础化学工业之一。

"十一五"期间，国内氯碱行业发展迅速。2010 年中国烧碱产量达到 2,087

万吨，聚氯乙烯产量达到1,130万吨。烧碱和聚氯乙烯产能、产量均居世界第一，成为名副其实的氯碱大国。

截至2016年年底，PVC在产产能共计2,253万吨，较上年增加33万吨。其中，电石法产能1,770万吨，占78.6%；乙烯法产能365万吨，占16.2%；糊树脂产能118万吨，占5.2%。PVC产能变化趋势如图10-1所示，图中可见国内产能饱和，近几年增速趋于零点附近。

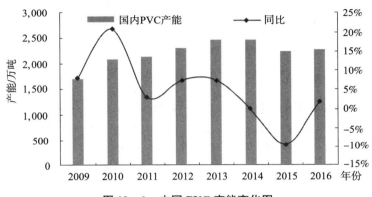

图10-1 中国PVC产能变化图

数据来源：中国氯碱网。

烧碱作为我国重要的基础化工原料，截至2016年9月底行业内共有厂家158家，产能3,945万吨，占全球产能的43%。中国烧碱产能主要分布在山东，占全国的26.6%。烧碱的下游主要有氧化铝、造纸、印染、化纤等行业，其中氧化铝行业比重达到1/3。中国烧碱产能增长趋势如图10-2所示，2007年国内产能增长高达20.5%，之后增速不断下降，2015年首次出现负增长，增长率为-0.95%。

图10-2 中国烧碱产能变化

数据来源：中国氯碱网。

由于产能过剩,2013—2015年氯碱行业连续三年亏损。"十二五"时期,政策、市场等多个层面引导氯碱行业逐步摆脱以单纯追求规模扩张为目的的增长方式,进入以"产业结构调整,提升行业增长质量"为核心的新的历史发展阶段。氯碱及相关上下游行业企业间的资源重组、高附加值新产品制造技术的研发推广、环境友好型生产工艺的广泛应用等成为这一阶段氯碱行业发展的新趋势。近几年在国家及行业政策的引导下,我国PVC企业加快了供给侧结构改革,淘汰落后产能,2014—2016年我国PVC有232万吨产能退出,一定程度上缓解了行业内供过于求的局面。

2. 主要事件及过程

1)定向增发

ZH公司在2012年11月4日和2012年11月21日分别召开了第四届二十二次董事会和2012年第六次临时股东大会,审议通过了非公开发行股票事宜,决定向公司控制人和机构投资者定向增发不超过71,839万股新股,募集总额不超过500,000万元的资金,用于新建产能,包括120万吨/年聚氯乙烯树脂、100万吨/年离子膜烧碱循环经济项目(二期)暨80万吨/年聚氯乙烯树脂、60万吨/年离子膜烧碱项目。相关详情见增发预案公告摘录。

ZH股份有限公司非公开发行股票预案(摘录)

(二)本次非公开发行的目的

为将资源优势尽早转化为效益优势,继续扩大生产规模,成为行业内的成本领先企业,持续增强公司的综合竞争力和抗风险能力,公司拟提出非公开发行股票申请。本次非公开发行股票募集资金拟向公司控股子公司××能源有限公司增资,用于建设募投项目,以进一步扩大公司的生产规模和成本优势,有利于提高资产质量,改善财务状况,增强持续盈利能力,提升公司的核心竞争力,实现可持续发展。

二、发行对象及其与公司的关系

(一)发行对象

本次发行对象范围包括ZH集团、公司前20名股东(不含控股股东)、符合法律法规规定的证券投资基金管理公司、证券公司、信托投资公司(以其自有资金)、财务公司、资产管理公司、保险机构投资者、合格境外机构投资者(QFII)、自然人以及其他合法投资者等不超过10名的特定对象。基金管理公司以其管理的2只以上基金认购的,视为一个发行对象;信托投资公司作为发行对象的,只能以自有资金认购。

最终发行对象提请股东大会授权董事会在本次非公开发行申请获得中国证监

会核准批文后，按照《上市公司非公开发行股票实施细则》等的规定，根据发行对象申购报价的情况，遵照价格优先原则与保荐机构（主承销商）协商确定。

（二）发行对象与公司的关系

上述发行对象中除 ZH 集团在本次发行前为公司实际控制人外，其他发行对象与公司不存在关联关系。

三、发行股份的价格及定价原则、发行数量、限售期

（一）发行股票的种类和面值

本次发行的股票种类为境内上市人民币普通股（A 股），每股面值为人民币 1.00 元。

（二）发行方式

本次发行的股票采用向特定对象非公开发行的方式发行，在中国证监会核准之日起六个月内选择适当时机向不超过 10 名特定对象发行股票。

（三）发行价格及定价原则

本次发行的定价基准日为本次非公开发行股票的董事会决议公告日（2012 年 11 月 5 日）。本次非公开发行股票的发行价格不低于定价基准日前 20 个交易日股票交易均价的 90%（定价基准日前 20 个交易日股票交易均价＝定价基准日前 20 个交易日股票交易总额/定价基准日前 20 个交易日股票交易总量），即不低于发行底价 6.96 元/股。具体发行价格提请股东大会授权董事会在本次非公开发行申请获得中国证监会核准批文后，按照《上市公司非公开发行股票实施细则》等的规定，根据发行对象申购报价的情况，遵照价格优先原则与保荐机构（主承销商）协商确定。

若本公司股票在定价基准日至发行期首日期间发生派息、送股、资本公积金转增股本等除权、除息事项的，该发行底价将相应进行除权、除息调整。

（四）认购方式

所有发行对象均以人民币现金方式认购本次发行的股份。

（五）发行数量

本次非公开发行股票数量不超过 71,839 万股（含本数）。在该范围内，具体发行数量提请股东大会授权董事会根据实际情况与保荐机构（主承销商）协商确定。

若本公司股票在定价基准日至发行期首日期间发生派息、送股、资本公积金转增股本等除权、除息事项的，本次非公开发行数量将根据除权、除息后的发行底价作相应调整。

（六）限售期

ZH 集团认购的本次非公开发行的股票自发行结束之日起三十六个月内不得转让，其余不超过九名特定投资者认购的本次非公开发行的股票自发行结束之日起十二个月内不得转让。

四、募集资金投向

本次非公开发行股票拟募集资金不超过人民币 500,000 万元，扣除发行费用后的募集资金净额拟全部向公司控股子公司##有限公司增资，用于建设募投项目。公司本次募集资金净额不超过募集资金投资项目所需金额，不足部分由公司以自筹资金解决。

增发预案公告后，履行相关审批程序，到 2013 年 8 月才正式进行增发活动，在此期间因公司分配 2012 年度股利，按照预案规定，对发行价格进行了调整。具体是：2013 年 3 月 12 日，公司 2012 年度股东大会审议通过了《2012 年度利润分配预案》，决定以 2012 年 12 月 31 日公司总股本 115,434 万股为基数，向全体股东按每 10 股派发现金红利 2.00 元（含税），不进行红股派送和资本公积金转增股本。2013 年 3 月 22 日调整了发行价格和发行数量，发行底价由 6.96 元/股调整为 6.78 元/股；发行数量上限由 71,839 万股调整为 73,746 万股。

2013 年 8 月 27 日公司向 97 家机构及个人发送了认购邀请书，其中，基金公司 20 家、证券公司 10 家、保险公司 5 家，以及公司前 20 名股东、其他提出认购意向的投资者 42 家。但实际认购情况并不乐观，截至规定的截止日 2013 年 8 月 30 日，除大股东 ZH 集团外，只有华安基金一家公司认购了该公司的股票，认购股数为 67,846,609 股。发行人与保荐机构（主承销商）根据首轮询价结果，确定最终发行价格为 6.78 元/股，并于 9 月 2 日以 6.78 元/股的价格向投资者继续征询认购意向，启动追加认购事宜。华安基金在 9 月 2 日再次追加认购，认股股数为 20,560,469 股。截至 2013 年 9 月 10 日，公司本次定向增发的实施完毕，认购情况如表 10-2 所示。

表 10-2 本次非公开发行股票情况

序号	认购投资者名称	认购价格/（元·股$^{-1}$）	认购股数/股	限售期/月	持股比例/%
1	ZH（集团）有限责任公司	6.78	147,492,000	36	24.49
2	华安基金管理有限公司	6.78	88,407,078	12	6.36
	合计	6.78	235,899,078	—	30.85

数据来源：公司公告。

值得注意的是，公司此次定向增发价格最终确定为发行底价 6.78 元/股。由于增发预案公告日到实施日期间公司股份明显下滑，由 2012 年 11 月的 6.8 元/股左右下滑到 2013 年 8 月的 5.5 元/股左右，使得最终发行价格明显溢价，与发行申购日（2013 年 8 月 30 日）前 20 个交易日公司股票交易均价 5.54 元/股的溢价程度为 22.38%。

定向增发后，其余股东的持股比例都有不同程度的稀释，根据公司公告，本次定增方案的发行结果为：募资总额 15.99 亿元，扣除发行费用后募资净额仅为 15.77 亿元。

2）大额募集资金用于理财

ZH 公司自 2006 年 12 月上市，分别于 2007 年、2010 年和 2013 年进行了四次增发，分别募集资金 6.6 亿元、10 亿元、37.9 亿元和 15.77 亿元，合计 70.27 亿元。此次募资后，企业并未完全按计划使用募集资金，而是有很大比例的资金用于理财项目。如表 10-3 所示：2014 年中报日到期的理财资金的余额达到 15 亿元，相应收益达到 4,927.58 万元，为 2014 年半年报贡献 22.03% 的利润；2014 年年报到期的理财资金为 10.3 亿元，其中部分资金是前期到期理财产品的本金。值得注意的是，理财产品到期日（也就是理财收益进入报表的时间）非常靠近增发股解禁日期，即 2014 年 9 月 17 日。

表 10-3 公司 2013—2014 年投资理财明细

开始日	募资本金/万元	收益率/%	理财收益/万元	到期日
2013.12.3	68,000	6.67	2,280.39	2014.6.2
2013.12.12	50,000	6.55	1,656.30	2014.6.12
2013.12.20	8,000	6.20	248.92	2014.6.20
合计	150,000	—	4,927.58	
2014.6.18	94,000	4.10	960.86	2014.9.17
2014.6.27	9,000	4.10	105.14	2014.10.9
合计	103,000	—	1,066.00	

数据来源：公司公告。

3）机构认购股解禁前的会计政策变更

2014 年年初，公司发布会计估计变更公告，延长了房屋建筑物和机器设备的使用年限（见表 10-4），这项会计政策的改变预计导致公司 2014 年 1-6 月少计提折旧额 2.1 亿元左右，这也是公司 2014 年半年报披露营业成本下降 14.39% 的主要原因。假定 2014 年公司固定资产未显著处置情况下，该项政策变更在扣除企业所得税影响后，大体为公司 2014 年上半年贡献 1.7 亿元左右的净利润。

表 10-4 ZH 公司固定资产折旧年限调整前后对比

资产类别	调整前		调整后	
	折旧年限/年	折旧率	折旧年限/年	折旧率
房屋及建筑物	20	4.75%	20~40	4.75%~2.38%
机器设备	5~10	19.00%~9.50%	10~30	9.50%~3.17%

续表

资产类别	调整前		调整后	
	折旧年限/年	折旧率	折旧年限/年	折旧率
其中：电力行业	—	—	20~30	4.75%~3.17%
电子设备	8~10	11.88%~9.50%	8~10	11.88%~9.50%
运输设备	8~10	11.88%~9.50%	8~10	11.88%~9.50%
其他	8~10	11.88%~9.50%	8~10	11.88%~9.50%

资料来源：公司公告。

4) 机构认购股解禁前的会计差错更正

ZH 公司在 2014 年中报披露了一项重要会计差错，即对子公司××焦化有限责任公司的投资收益处理会计差错问题。ZH 持有该子公司 49% 的股份，采用权益法进行核算。2012 年，按照子公司未经审计的净利润确认了投资收益。2013 年在审计过程中，发现该子公司因计提了存货减值使得 2012 年净利润较之前未经审计的净利润减少了约 2,333.04 万元，ZH 由此应该减少 2012 年度投资收益 1,143.19 万元，因此，ZH 公司在 2013 年度确认了投资收益 -1,143.19 万元。

ZH 公司于 2014 年发现了上述会计处理差错，进行追溯重述，因此又调增 2013 年合并利润表和母公司利润表中的投资收益 1,143.19 万元，调增净利润 1,143.19 万元。同时，调减 2012 年度合并利润表和母公司利润表投资收益和净利润 1,143.19 万元，调减 2012 年年报中披露的合并资产负债表中长期股权投资 1,143.19 万元，调减股东权益 1,143.19 万元，调减盈余公积 114.32 万元，调减未分配利润 1,028.88 万元。

5) 机构投资者认购的增发股份减持过程

到 2014 年 9 月 17 日，华安基金持有的 8,840.71 万股增发认购股到期解禁。2014 年 9 月 26 日，ZH 公司收到持股 5% 以上股东华安基金管理有限公司减持股份的《简式权益变动报告书》，截至 2014 年 9 月 26 日下午收盘，华安基金管理有限公司通过深交所以集中竞价的方式累计减持解禁后无限售流通股 2,550.7 万股，占公司总股本的 1.83%，减持后华安基金不再是持有公司 5% 以上股份的股东，仍持有 4.52% 的股份（披露的详细减持过程如表 10-5 所示）。

表 10-5 华安基金减持情况

减持方式	减持期间	减持均价/元	减持数量/股
集中竞价交易	2014.9.19	7.66~7.81	6,617,978
集中竞价交易	2014.9.22	7.50~7.53	114,700
集中竞价交易	2014.9.23	7.40~7.42	5,683,325
集中竞价交易	2014.9.24	7.40~7.50	9,091,075
集中竞价交易	2014.9.26	7.45~7.46	4,000,000
	合计		25,507,078

数据来源：万德数据。

到公司 2014 年年报披露时，华安基金已不在十大股东之列，而第十大股东持股仅 0.36%，由此可以推断华安基金已基本退出。若推断在 2014 年华安基金全部退出，按上表披露的最低减持价格 7.40 元/股推算，本次华安进出 ZH 公司至少获利 5,400 万元，实际上 2014 年 9 月之后公司股价一路走高，实际收益将远高于上述估计数。

3. 盈余管理现象的分析

1）产能扩张与行业景气度不匹配，增发募资不尽合理且改变募资用途

统计数据显示，2012 年，国内 PVC 总产能为 2,341 万吨/年，产量为 1,317.8 万吨，平均开工率为 56.3%，行业内上市公司在 PVC 业务领域大面积亏损。但 ZH 公司在这种行业背景下，仍以新建产能项目为由进行增发募资，让投资者感到困惑，因而在认购时也不积极。

华安基金在 2013 年 9 月认购前，ZH 公司刚刚发布其半年报，报告中披露公司净利润同比下跌 67%，扣非后归属母公司股东所有的净利润同比下降 95%，并且预测公司之后三个季度的净利润将会继续下降。由于公司盈利大幅下滑，使公司股价大幅下挫（见图 10-3），甚至低于增发预案中确认的底价 6.96 元（调整后为 6.78 元），导致此次增发除控制人自身认购外，仅华安基金一家机构认购 8,840 多万股，仅占预计增发股份总数的 10% 多一点。并且由于认购溢价 22.38%，华安基金在第一次认购当日即发生账面浮亏 7,600 万元。这些情况均展现出 ZH 公司此次增发时机的不合理性。

图 10-3　ZH 公司增发前后股价 K 线图

数据来源：万德数据。

从资金紧缺性角度讲，ZH 公司的一些财务行为也表现出公司短期内并未有非常紧迫的资金需求。如表 10-6 所示的公司现金分红情况，在 2012 年和 2013 年归母净利润明显下滑情况下，公司仍然执行了较高比例的现金分红。2012 年提出增发预案的当年，归母净利润由上年的 4.89 亿元下降到 2.7 亿元，但现金

分红 2.3 亿元，较上年 1.15 亿元翻了一倍多，股利支付率高达 85.28%，是上年的 3 倍多；2013 年是增发方案实施年份，当年归母净利润进一步下滑至 1.14 亿元，但股利支付率仍高达 85.52%。

表 10-6 案例公司增发前后的股利分配情况

年度	归母净利润/万元	现金分红总额/万元	期末未分配利润/万元	股利支付率/%	收益留存率/%	ROIC/%	每股股利/元
2015-12-31	767.64	2,780.48	133,299.81	362.21	—	3.38	0.02
2014-12-31	33,217.86	3,614.62	137,824.40	10.88	89.12	4.27	0.03
2013-12-31	11,378.76	9,731.67	115,477.09	85.52	14.48	3.18	0.07
2012-12-31	27,070.40	23,086.80	128,543.62	85.28	14.72	2.35	0.20
2011-12-31	48,995.89	11,543.40	117,780.91	23.56	76.44	5.95	0.10
2010-12-31	29,127.26	15,775.98	77,937.77	54.16	45.84	5.40	0.14
2009-12-31	10,313.03		62,729.01			3.22	
2008-12-31	12,199.20	536.86	54,120.67	4.40	95.60	4.44	0.01
2007-12-31	21,837.44	1,879.01	49,523.96	8.60	91.40	9.84	0.07
2006-12-31	12,768.72	2,832.00	30,972.68	22.18	77.82	12.51	0.12

数据来源：公司各年度公告。

增发完成后，募集资金用途也出现了较大变更。在实际募集资金 15.77 亿元 2013 年 9 月 6 日募资到位后的第二个月，公司即于 10 月 11 日暂停了募投项目建设，即终止实施募投项目 ZH 工业园 120 万吨/年聚氯乙烯树脂、100 万吨/年离子膜烧碱循环经济项目（二期）。这两个项目在前期公司已累计投入自有资金 1.99 亿元用于设计支出和地面处理等前期工作。对于终止原因，ZH 公司给出的解释是受国内氯碱行业市场低迷影响，公司产能已能够满足市场需求，认为继续投资已很难取得预期的投资回报，存在较大风险，故终止实施原募投项目。项目终止后，公司将募集资金及利息收入约 16.35 亿元中的 12 亿元变更为向公司全资子公司 ZH 能化有限公司增资，用于建设能化一期 60 万吨/年电石项目，该项目完成后如出现节余资金，该节余资金将永久补充 ZH 能化的流动资金。除此之外，剩余募集资金约 4.35 亿元用于永久补充 ZH 公司的流动资金。由于增发募资时间与募投项目终止、资金用途变更时间相隔如此之近，让投资者不得不怀疑其真正的募资动机。同时，联系到企业在增发时间段有十数亿元的资金用于理财，更凸显了此次募资安排的不合理性。

2）解禁时点前报表利润显著异动，主要依赖非经常收益和会计政策变更

ZH 公司在 2013 年的定向增发，控制人认购的增发股锁定期为三年，机构投资者认购的股份锁定期为一年，换言之，2014 年 9 月是机构投资者认购股份的解

禁时点。在临近解禁时点的公司半年报中,公司披露:与上年同期相比,报告期公司营业利润上升 1,130.21%,利润总额上升 368.93%,归属母公司股东的净利润上升 489.45%,基本每股收益上升 396.15%。

与同行公司相比,ZH 公司业绩暴增显得非常抢眼。同期内,国内氯碱行业由于宏观经济环境,尤其是房地产市场低迷的影响,相关产品销量受到极大影响,PVC 和烧碱等产品的价格持续走低。ZH 所在的基础有机化工原料行业中,相关上市公司利润波动情况大体一致,如表 10-7 所示:

表 10-7 2010—2013 年同行公司净利润增长情况比较

同行公司	2010 年	2011 年	2012 年	2013 年
卫星石化	—	105.94%	-32.96%	18.46%
茂化实华	-41.29%	-91.23%	365.91%	40.18%
沈阳化工	213.20%	-2.41%	-176.81%	122.96%
ZH	182.43%	68.21%	-44.75%	-56.11%
行业均值	99.36%	118.06%	68.71%	58.17%

数据来源:万德数据。

另外,观察公司运营效率指标,如表 10-8 所示,在 2014 年公司的存货周转率、应收账款周转率、流动资产周转率和总资产周转率等都有了明显的降低,表明公司营运能力在该年并未明显较差,公司净利润的大幅上涨并非来自经营效率的提高。

表 10-8 ZH 公司 2010—2014 年营运能力指标　　　　单位:次

项　目	2010 年	2011 年	2012 年	2013 年	2014 年	2015 年
存货周转率	14.19	16.48	14.19	17.25	8.16	8.93
应收账款周转率	74.98	81.25	56.61	64.94	33.33	32.49
流动资产周转率	2.53	2.40	2.04	3.07	2.09	2.10
固定资产周转率	0.84	1.13	0.82	0.84	0.59	0.70
总资产周转率	0.48	0.57	0.38	0.51	0.39	0.44
应付账款周转率	2.96	4.36	2.90	3.41	2.55	3.23

数据来源:依据公司年报数据计算。

深入观察可以发现,公司半年报业绩的异常升高并非来自日常业务的改善,实际上公司主营业务在此期间还出现了明显下降,营业收入较上年同期下降 7.25 个百分点。业绩改善的主要来源按照公司半年报的公告是"报告期加强成本控制、调整部分固定资产折旧及理财收益影响所致",关键的是两点:

(1) 营业成本不成比例地下降。如表 10-9 所示,营业收入下降 7.25%,

营业成本（主要体现直接和间接的生产制造费用）却下降了14.39%。理论上营业收入暂时下降时，营业成本下降幅度会低于收入下降幅度，原因在于固定性费用无法短期调整。但本案例中营业成本却以更大幅度下降，究其原因，主要是由于固定资产折旧政策的改变。如前文所述，由于延长了房屋建筑物和机器设备的使用年限，公司2014年上半年少计提折旧额2.1亿元左右，占到当期营业成本下降中的超常下降部分（即剔除业务量下降影响后的成本下降部分，约为3.23亿元）的65%。

表10-9 ZH公司2014年半年报主要损益项目变动

项 目	2014年上半年	2013年上半年	增长幅度
营业收入	5,333,119,151.49元	5,750,174,555.78元	-7.25%
营业成本	3,877,894,184.01元	4,529,671,419.75元	-14.39%
销售费用	688,117,088.38元	670,386,577.00元	2.64%
管理费用	206,429,530.00元	186,040,804.59元	10.96%
财务费用	369,734,479.86元	319,938,786.37元	15.56%
所得税费用	42,587,296.53元	16,206,751.04元	162.78%
研发投入	1,257,673.79元	1,308,964.94元	-3.92%
投资净收益	50,239,056.42元	937,115.26元	5,261%

数据来源：公司半年报。

（2）投资理财收益巨幅增长。公司在2013年投入约15亿元资金用于理财，2014年上半年理财产品到期，产生收益达到4,927万多元，使当期投资净收益较上年同期增长52倍多。

3）解禁时点前后股价趋势明显异于同行

当盈余的异常波动与股价波动相关联，则可以理解为存在股票市场动机的盈余管理可能。2014年9月是机构投资者认购增发股份的解禁时点，2014年半年报披露的大幅盈利增长给市场投资者带来了惊喜，股价也由此显著走高，如图10-4所示，公司股价由2014年6月的6元左右的水平一直攀升到9月解禁日的8.56元的高位，升幅超过42%。

按照与ZH公司行业和规模相近的原则，选择了三家上市公司，分别是万华化学、中化国际和三友化工，将ZH公司的股价走势与三家公司进行对比。以2014年6月股价为比较基准（变动百分比的零点），在ZH公司增发股解禁时点前后四家公司的股价走势有明显分歧：ZH公司在6月至9月期间公司股价涨幅最高；而在解禁日后，三家对比公司股价继续盘整或爬升，ZH公司则明显回落。如图10-5所示。

图 10-4　ZH 公司增发股解禁前后的股价 K 线图
数据来源：万德数据。

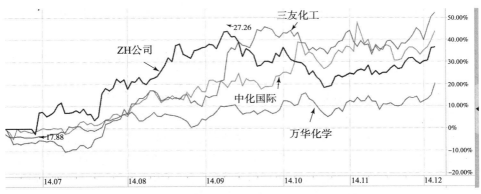

图 10-5　ZH 公司增发股解禁时点前后股价趋势对比
数据来源：万德数据。

具体来说，对比公司万华化学从 2014 年年初开始股价就不断下跌，最低到达 15.33 元，到 7 月股价开始回升，12 月上升到 20.69 元/股。中化国际当年股价从 2 月开始不断下跌，与万华化学类似，到 7 月开始重新攀升，到 12 月达到最高值 9.78 元/股。三友化工则于当年的 1 月到 7 月股价维持在 4.5 元/股，从 8 月开始上升，直到 12 月达到最高值 6.6 元/股。形成对比的是，ZH 公司年初股价在 5 元左右波动，7 月后大幅攀升，至 9 月时达到顶点 8.08 元，之后明显下滑，年底回到 7 元左右的水平。总体上，ZH 公司股价既受到大盘和行业的影响，也由于公司盈利的超常增长和解禁减持，公司股价走出了另类行情，这种行情特征符合通过盈余管理实现资本市场利得的特征。

参 考 文 献

[1] 车菲. 税收负担、融资决策与公司价值研究 [D]. 天津: 天津财经大学, 2013.
[2] 陈晓丹. 生命周期视角下的上市公司价值评估方法研究 [D]. 成都: 西南财经大学, 2010.
[3] 陈信元, 陈冬华, 时旭. 公司治理与现金股利: 基于佛山照明的案例研究 [J]. 管理世界, 2003 (8): 118 - 126.
[4] 陈英, 李秉祥, 李越. 经理人特征、管理层防御与长期资产减值政策选择 [J]. 管理评论, 2015, 27 (6): 140 - 147.
[5] 陈小悦, 徐晓东. 股权结构、企业绩效与投资者利益保护 [J]. 经济研究, 2001 (11): 3 - 11, 94.
[6] 崔玉英, 李长青, 郑燕, 长青. 公司成长、盈余波动与财务分析师跟踪——来自中国证券市场的经验证据 [J]. 管理评论, 2014 (4): 60 - 72.
[7] 邓可斌, 丁重. 多元化战略与资本结构之间关系探析 [J]. 管理学报, 2010, 7 (7): 1075 - 1084.
[8] 邓铁永. 中国上市公司融资决策与公司价值研究 [D]. 天津: 天津大学, 2012.
[9] 樊耘, 邵芳. 香港上市公司盈余公告日附近异常市场回报率研究 [J]. 国际经贸探索, 2011 (3): 28 - 32.
[10] 范海峰, 胡玉明, 石水平. 机构投资者异质性、公司治理与公司价值——来自中国证券市场的实证证据 [J]. 证券市场导报, 2009 (10): 45 - 51.
[11] 谷祺, 邓德强, 路倩. 现金流权与控制权分离下的公司价值——基于我国家族上市公司的实证研究 [J]. 会计研究, 2006 (4): 30 - 36, 94.
[12] 龚慧云. 基于股利迎合理论的我国上市公司送转股行为研究 [J]. 上海金融, 2010 (11): 67 - 72.
[13] 郭飞. 外汇风险对冲和公司价值: 基于中国跨国公司的实证研究 [J]. 经济研究, 2012, 47 (9): 18 - 31.
[14] 郭小金. 企业生命周期理论视角下的财务资源整合途径 [J]. 江西社会科学, 2011 (4): 74 - 78.

[15] 何涛, 陈晓. 现金股利能否提高企业的市场价值 [J]. 金融研究, 2002 (8): 26-38.

[16] 何卫东, 张嘉颖. 所有权结构、资本结构、董事会治理与公司价值 [J]. 南开管理评论, 2002 (2): 17-20, 52.

[17] 黄志典, 李宜训. 公司治理、现金股利与公司价值 [J]. 证券市场导报, 2017 (3): 26-36.

[18] 江伟, 胡玉明. 企业成本费用粘性: 文献回顾与展望 [J]. 会计研究, 2011 (9): 74-79.

[19] 纪明明, 邓伟. 研发投入与公司价值: 规模与产权性质的调节作用 [J]. 企业经济, 2017, 36 (3): 68-75.

[20] 金天, 余鹏翼. 股权结构、多元化经营与公司价值: 国内上市公司的证据检验 [J]. 南开管理评论, 2005 (6): 80-84.

[21] 孔宁宁, 张新民, 李寅迎. 成长型公司财务报表分析与股票未来收益——来自中国上市公司的经验证据 [J]. 会计研究, 2010 (6): 37-43, 95.

[22] 李合龙, 李海菲, 张卫国. 机构投资者持股、会计稳健性与公司价值 [J]. 证券市场导报, 2018 (3): 41-47, 58.

[23] 李仁良. 公司价值管理——战略、融资、投资和绩效 [D]. 北京: 中国社会科学院研究生院, 2003.

[24] 李笑南. 基于 EVA 的公司价值管理体系研究 [J]. 管理世界, 2016 (8): 182-183.

[25] 柳建华. 控股股东持股比例、组织形式与现金股利政策——基于资金占用角度的分析 [J]. 审计与经济研究, 2007 (3): 101-107.

[26] 刘运国, 刘梦宁. 雾霾影响了重污染企业的盈余管理吗?——基于政治成本假说的考察 [J]. 会计研究, 2015 (3): 26-33, 94.

[27] 林野萌. 内部控制缺陷、公司价值与债务资本成本研究 [D]. 天津: 天津财经大学, 2014.

[28] 陆正飞, 施瑜. 从财务评价体系看上市公司价值决定——"双高" 企业与传统企业的比较 [J]. 会计研究, 2002 (5): 18-23, 64.

[29] 廉永辉, 张琳. 行业困境、所有权性质和多元化的价值效应 [J]. 南开经济研究, 2015 (6): 129-150.

[30] 黄娟娟, 沈艺峰. 上市公司的股利政策究竟迎合了谁的需要 [J]. 会计研究, 2007 (8): 36-43.

[31] 陆位忠, 林川, 曹国华. 创业板上市公司现金股利分配倾向: 市场需求还是股东需求? [J]. 广东金融学院学报, 2012 (1): 120-128.

[32] 刘银国, 张琛, 阮素梅. 现金股利的代理成本控制效应研究——基于半强制分红的考察 [J]. 审计与经济研究, 2014 (5): 59-68.

[33] 潘怡麟, 朱凯, 陈信元. 决策权配置与公司价值——基于企业集团的经验证据 [J]. 管理世界, 2018, 34 (12): 111-119.

[34] 戚聿东, 肖旭. 上市公司现金分红提高了公司价值吗？——基于制度环境变迁的调节效应 [J]. 投资研究, 2017, 36 (11): 36-58.

[35] 邱闯. 多元化上市公司价值增长的驱动因素研究 [D]. 大连：大连理工大学, 2014.

[36] 饶育蕾, 贺曦, 李湘平. 股利折价与迎合：来自我国上市公司现金股利分配的证据 [J]. 管理工程学报, 2008 (1): 133-136.

[37] 任曙明. 公司价值导向的资本结构优化模型研究 [D]. 大连：大连理工大学, 2008.

[38] 宋福铁, 屈文洲. 基于企业生命周期理论的现金股利分配实证研究 [J]. 中国工业经济, 2010, (2): 140-149.

[39] 宋在科, 王柱. 企业会计政策选择研究——基于利益相关者理论 [J]. 会计研究, 2008 (6): 39-45.

[40] 孙刚, 朱凯, 陶李. 产权性质、税收成本与上市公司股利政策 [J]. 财经研究, 2012 (4): 134-144.

[41] 孙黎, 朱武祥. 轻资产运营 [M]. 北京：中国社会科学出版社, 2003.

[42] 孙小琰, 沈悦, 罗璐琦. 基于KMV模型的我国上市公司价值评估实证研究 [J]. 管理工程学报, 2008 (1): 102-108.

[43] 谭洪涛, 蔡利, 蔡春. 公允价值与股市过度反应 [J]. 经济研究, 2011 (7): 130-143.

[44] 唐玮, 崔也光. 政府控制、创新投入与公司价值——基于投资者信心的中介效应分析 [J]. 财贸研究, 2017, 28 (6): 101-110.

[45] 唐雪松, 周晓苏, 马如静. 上市公司过度投资行为及其制约机制的实证研究 [J]. 会计研究, 2007 (7): 44-52, 96.

[46] 田利辉. 国有产权、预算软约束和中国上市公司杠杆治理 [J]. 管理世界, 2005 (7): 123-128, 147.

[47] 涂红, 郑淏. 企业社会责任、所有制与公司价值 [J]. 南开学报（哲学社会科学版）, 2018 (6): 147-156.

[48] 王力军. 大股东控制、财务杠杆与公司价值——国有及民营上市公司治理的比较研究 [J]. 证券市场导报, 2006 (11): 63-70.

[49] 王福胜, 程富. 管理防御视角下的CFO背景特征与会计政策选择——来自资产减值计提的经验证据 [J]. 会计研究, 2014 (12): 32-38, 95.

[50] 王福胜, 程富. 投资性房地产公允价值计量模式选择动因实证研究 [J]. 财经理论与实践, 2014, 35 (3): 74-79.

[51] 王辉. 多元化与公司价值 [D]. 上海：复旦大学, 2013.

[52] 王辉,王茜. 国外财务报告目的资产重估研究综述 [J]. 证券市场导报, 2007 (11): 51-54.

[53] 王化成,曾雪云. 专业化企业集团的内部资本市场与价值创造效应——基于中国三峡集团的案例研究 [J]. 管理世界, 2012(12): 155-168, 185.

[54] 王会芳. 创业板上市公司股利分配研究 [J]. 证券市场导报, 2011 (3): 74-77.

[55] 王俊韡. 中国上市公司资本结构与公司价值研究 [D]. 济南: 山东大学, 2008.

[56] 王琳,李素英. 我国创业板上市公司现金股利影响因素分析 [J]. 石家庄铁道大学学报, 2011 (4): 28-31.

[57] 王喜刚,丛海涛,欧阳令南. 什么解释公司价值: EVA 还是会计指标[J]. 经济科学, 2003 (2): 98-106.

[58] 王燕妮,刘艳妮. R&D 会计政策选择对公司价值的影响 [J]. 科学研究, 2015, 33 (3): 398-406.

[59] 王智波,李长洪. 轻资产运营对企业利润率的影响——基于中国工业企业数据的实证研究 [J]. 中国工业经济, 2015 (6): 108-121.

[60] 吴德军,郭慧敏,郭飞. 政治成本与盈余管理的"不对称性"——基于煤电联动政策的视角 [J]. 会计研究, 2016 (8): 42-49, 96.

[61] 夏立军,方轶强. 政府控制、治理环境与公司价值——来自中国证券市场的经验证据 [J]. 经济研究, 2005 (5): 40-51.

[62] 谢赤,梅胜兰. 风险投资参与视角下创业板上市公司现金股利政策研究 [J]. 财贸研究, 2014 (3): 146-156.

[63] 谢华. 基于因子分析方法的创业板与主板企业现金股利政策研究 [J]. 河北科技大学学报, 2013 (3): 9-17.

[64] 许罡. 企业研发支出资本化和费用化的价值研究 [J]. 统计与决策, 2011 (12): 176-178.

[65] 杨兴全,尹兴强,孟庆玺. 谁更趋多元化经营: 产业政策扶持企业抑或非扶持企业? [J]. 经济研究, 2018, 53 (9): 133-150.

[66] 姚明安,孔莹. 财务杠杆对企业投资的影响——股权集中背景下的经验研究 [J]. 会计研究, 2008 (4): 33-40, 93.

[67] 叶建芳,周兰,李丹蒙,等. 管理层动机、会计政策选择与盈余管理——基于新会计准则下上市公司金融资产分类的实证研究 [J]. 会计研究, 2009 (3): 25-30, 94.

[68] 倪敏,黄世忠. 非机会主义动机盈余管理: 内涵分析与实证研究述评 [J]. 审计与经济研究, 2014, 29 (1): 58-67.

[69] 尹飘扬. 我国创业板上市公司股利分配研究 [J]. 中国注册会计师, 2012

(12): 64-70.

[70] 袁玲. 控股股东控制、多元化经营与公司价值 [D]. 石河子: 石河子大学, 2013.

[71] 阮素梅. 公司治理与资本结构对上市公司价值创造能力影响的实证研究 [D]. 合肥: 合肥工业大学, 2014.

[72] 翟胜宝. 上市公司会计政策选择的伦理思考 [J]. 会计研究, 2009 (3): 11-17, 94.

[73] 张倩倩, 周铭山, 董志勇. 研发支出资本化向市场传递了公司价值吗? [J]. 金融研究, 2017 (6): 176-190.

[74] 张奎. 股权结构、多元化经营与公司价值 [D]. 上海: 复旦大学, 2004.

[75] 张显峰. 基于成长性和创新能力的中国创业板上市公司价值评估研究 [D]. 长春: 吉林大学, 2012.

[76] 张文龙, 李峰, 郭泽光. 现金股利——控制还是掠夺? [J]. 管理世界, 2009 (3): 176-177.

[77] 张新民, 钱爱民. 财务报表分析 [M]. 北京: 中国人民大学出版社, 2017.

[78] 赵晶. 中国上市公司价值的时间效应及其内生性研究 [D]. 长春: 吉林大学, 2012.

[79] 赵昶. 农业上市公司融资结构对公司价值的影响研究 [D]. 咸阳: 西北农林科技大学, 2008.

[80] 郑鹏. 内外部治理机制、财务柔性与公司价值 [D]. 大连: 东北财经大学, 2016.

[81] 周阿立. 金融资产分类会计政策选择的现状与动机——基于金融行业上市公司的数据分析 [J]. 财经论丛, 2015 (4): 72-80.

[82] 朱艳丽. 研发强度、创新速度与上市公司价值关系的实证研究 [J]. 科技进步与对策, 2018, 35 (23): 25-33.

[83] Aghion P, Bolton P. An Incomplete Contracts Approach to Financial Contracting [J]. Review of Economic Studies 1992 (59): 473-494.

[84] Aharony J, Swary I. Quarterly Dividend and Earnings Announcements and Stock Holders' Returns: An Empirical Analysis [J]. The Journal of Finance, 1980, 35 (1): 1-12.

[85] Ammanna M, Oesch D. and Schmid. M. M. Corporate Governance and Firm Value: International Evidence [J]. Journal of Empirical Finance, 2011, 18 (1): 36-55.

[86] Anderson M., Banker R., Janakiraman S. Are Selling, General, and Administrative Costs "Sticky"? [J]. The Accounting Review, 2003 (41): 47-63.

[87] Baker M, Wurgler J. A Catering Theory of Dividends [J]. Journal of Finance, 2004 (59): 1125 – 1165.

[88] Berger A. N, Bonaccorsi P. E. Capital Structure and Firm Performance: A New Approach to Testing Agency Theory and An Application to the Banking Industry [J]. Journal of Banking & Finance, 2006, 30 (4): 1065 – 1102.

[89] Black F. Dividends and dividend policy [M]. John Wiley & Sons, 2009.

[90] Brealey R. A, Myers S. C, Allen F, et al. Teorie a Praxe Firemních Financí [M]. Praha: Victoria Publishing, 1992.

[91] Daniel S, Jung B, Pourjalali H, et al. Firm Characteristics Influencing Responses towards Adoption of the Fair Value Accounting Option: A Survey of Chief Financial Officers of US Firms [Z]. Available at SSRN 1579326, 2010.

[92] Diamond D. Financial Intermediation and Delegated Monitoring [J]. Review of Economic Studies, 1984 (51): 393 – 414.

[93] Faccio, M. and L. H. P. Lang. The Ultimate Ownership of Western European Corporations [J]. Journal of Financial Economics, 2002, 65 (3): 365 – 395.

[94] Fukuia Y, Ushijima T. Corporate Diversification, Performance, and Restructuring in the Largest Japanese Manufacturers [J]. Journal of the Japanese and International Economies, 2007, 21 (3): 303 – 32.

[95] Gompers P, Ishii J. and Metrick A. . Corporate Governance and Equity Prices [J]. Quarterly Journal of Economics, 2003, 118 (1): 107 – 156.

[96] Grinblatt M. S, Masulis R. W, Titman S. The Valuation Effects of Stock Splits and Stock Dividends [J]. Journal of Financial Economics, 1984, 13 (4): 461 – 490.

[97] Hovakimian A, Opler T, Titman S. The Debt – Equity Choice [J]. Journal of Financial and Quantitative Analysis, 2001, 36 (1): 1 – 24.

[98] Jensen, M. & Meckling W. Theory of the Firm: Managerial Behavior, Agency Costs and Ownership Structure. Journal of Financial Economics 1976, 3 (4): 305 – 360.

[99] Jensen M. C. Agency Costs of Free Cash Flow, Corporate Finance, and Takeovers [J]. The American Economic Review, 1986: 323 – 329.

[100] Lang L, Ofek E, Stulz R. Leverage, Investment and Firm Growth [J]. Journal of Financial Economics, 1996 (40): 3 – 29.

[101] Lecomte P. and Ooi J. T. L. Corporate Governance and Performance of Externally Managed Singapore Reits [J]. Journal of Real Estate Finance and Economics, 2013, 46 (4): 664 – 684.

[102] Lintner J. Dividends, Earnings, Leverage, Stock Prices and the Supply of

Capital to Corporations [J]. The Review of Economics and Statistics, 1962, 44 (3): 243-269.

[103] Karl L, Servaes H. International Evidence on the Value of Corporate Diversification [J]. The Journal of Finance, 1999, 54 (6): 2215-2239.

[104] Manohar, Ali Nejadmalayerib, Lke Mathur. Performance Impact of Business group Affiliation: An Analysis of the Diversification - performance Link in A Developing Economy [J]. Journal of Business Research, 2007, 60 (4): 339-340.

[105] Maksimovic V. Phillips G. The Market for Corporate Assets: Who Engages in Mergers and Asset Sales and Are There Efficiency Gains? [J] The Journal of Finance, 2001, 56 (6): 2019-2065.

[106] McConnell J. & Servaes H. Additional Evidence on Equity Ownership & Corporate Value. Journal of Financial Economics 1990, 27 (2): 595-612.

[107] McConnell J J, Servaes H. Equity ownership and the Two Faces of Debt [J]. Journal of Financial Economics, 1995, 39 (1): 131-157.

[108] Michaely R, Roberts M. R. Corporate Dividend Policies: Lessons from Private Firms [J]. Review of Financial Studies, 2012, 25 (3): 711-746.

[109] Morck. R, Shleifer A, & Vishny R., Management Ownership & Market Valuation. [J]. Journal of Financial Economics 1988, 20 (1/2): 293-315.

[110] Shleifer A, Singh S. Large Shareholders & Corporate Control [J]. Journal of Political Economy 1986, 94 (3): 461-488.

[111] Stulz R. Managerial Discretion and Optimal Financing Policies [J]. Journal of Financial Economics, 1990, 26 (1): 3-27.

[112] Valipour, H, Rostami V, Salehi M. Asymmetric Information and Dividend policy in Emerging Markets: Empirical Evidences from Iran [J]. International Journal of Economics and Finance, 2014, 1 (1): 203.

[113] Villalonga Belen. Intangible Resources, Tobin's q, and Sustainability of Performance Differences [J]. Journal of Economic Behavior and Organization, 2004, 54 (2): 205-230.